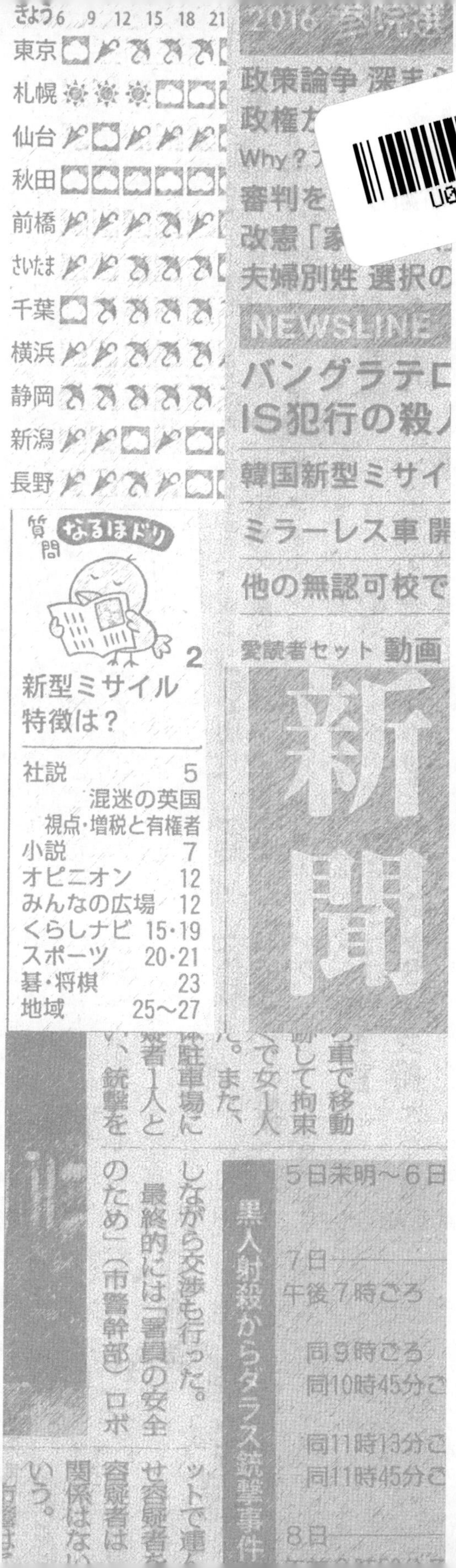

最新高等院校日语专业系列教材

日本报刊文章选读

第二版

张建华 季林根 编著

华东理工大学出版社
·上海·

图书在版编目(CIP)数据

日本报刊文章选读 / 张建华,季林根编著. —2版. —上海:华东理工大学出版社,2016.8(2024.1重印)

ISBN 978-7-5628-4751-9

Ⅰ.①日… Ⅱ.①张…②季… Ⅲ.①日语-阅读教学-高等学校-教材 Ⅳ.①H369.4

中国版本图书馆CIP数据核字(2016)第181767号

项目统筹 / 王一佼
责任编辑 / 王一佼
装帧设计 / 靳天宇
出版发行 / 华东理工大学出版社有限公司
地址:上海市梅陇路130号,200237
电话:021-64250306
网址:www.ecustpress.cn
邮箱:zongbianban@ecustpress.cn
印　　刷 / 常熟市华顺印刷有限公司
开　　本 / 710mm×1000mm　1/16
印　　张 / 14
字　　数 / 248千字
版　　次 / 2016年8月第2版
印　　次 / 2024年1月第8次
定　　价 / 35.00元

前言

日本报刊文章选读是高等院校日语专业高年级开设的一门课程，开设日语报刊选读课程的目的是培养和提高学生对日语报刊的阅读和理解能力，丰富词汇量，帮助学生及时掌握有关日本各方面的最新信息，加深对日本的了解。本教材自 2011 年初版以来，承蒙众多同仁及广大日语学习者的厚爱，历经数次重印，但是随着时间的推移，日本各方面的情况已经发生了很多变化，有些内容已经不能反映当前日本的最新情况。因此，我们决定在初版的基础上加以修订，去掉初版中不太能够适时反映当前日本的一些文章，增加了一些新的文章。文章内容依然涉及日本的政治、经济、文化、社会和科技等各个方面。

本教材供高等院校日语专业三年级学生使用，也可供具有一定基础的日语学习爱好者自学之用，同时还可以作为日语专业自学考试中相应课程的教材使用。

本书每课的设计课时为 2 课时，按每学期 18 周计算，可以满足一个学年的教学需求。本书共选用了 34 篇文章，分上、下篇。每课由课文、单词表、注释、思考题四部分构成，为方便教学，还附有参考译文。教师可以按照《高年级日语教学大纲》的要求和考核的内容，有选择地开展教学活动，剩余部分作为学生课后学习之用。

本书由上海外国语大学日本文化经济学院张建华副教授和季林根教授共同编写。在编写过程中，本院同事张楠老师、硕士研究生孙李理和沈亚亚等同学给予了我们很多帮助。在此，一并表示由衷的感谢。

由于我们的水平有限、时间仓促，在选材、编写、注释和翻译等方面难免存有不足之处，敬请各位同仁批评指正。

编　者

2016 年 8 月

目　录

上　篇

下　篇

第１課　新聞のコラム

（一）天声人語

「ニュースを作る人々と、ニュースを報じる人々との争いは絶え間なくつづく」。米国の新聞人レストン氏の言葉だ。新聞はいつも政治に文句をいい、政治家や役人は、自画自賛に飽きることがない▼米国の偉大な大統領ジェファーソンは「余は、新聞なき政府より、政府なき新聞の方を好む」といって、これはしばしば引用されるのだが、後年になると「新聞を読まない者の方が、読む者より正しく知っている」といった。こちらの言葉は、あまり引用されないようだ▼日本の首相も、はじめは「記者諸君との対話」を心がけるが、日ならずして秋風が立ちはじめる。新聞にも反省すべきことは多いだろうが、権力をもった人が新聞ぎらいになるのは「こちらの立場を考えてくれない」ということなのだろう▼しかし新聞記事は、人間のつき合いで「相手の立場に立つこと」とは話がちがう。いくら美辞麗句をならべても、自分のにぎった権力を正当化し、これを永続化しようと努力しない政治家は、この世に存在しないからである。また専門家は「新聞は実情を知らずに批判する」と不満をもらすが、これも簡単にはうなずけない▼民主的コントロールとは、シロウトである大衆の方が、結局は、利害に巻き込まれたクロウトより賢い結論を出すという考え方で成り立っている。もし情報を独占する専門家の方が正しく判断できたならば、米国はベトナムで誤算するはずはなかった。日本の公害企業は、だれよりもさきに公害を世間に知らせたはずだった▼新聞はまず何よりも、正確な情報を伝えなければならない。そして正確な情報は、その新聞の立場によって選択されたものである。この二つのことに、新聞は責任をもっている。きょうからの「新聞週間」に、あらためてその重さを思う。

（2015年2月1日『朝日新聞』）

単 語

報じる(ほうじる)	【他一】报答,报恩;通知,报告
絶え間ない(たえまない)	【形】不停,不断
自画自賛(じがじさん)	【自サ·名】自卖自夸,自吹自擂
余(よ)	【名】(傲慢、郑重语气)第一人称,我
しばしば	【副】一再,再三,屡次
後年(こうねん)	【名】晚年;后期,未来
日ならず(して)	【副】没几天,不久
美辞麗句(びじれいく)	【名】华丽辞藻,美言,盛赞

注 釈

①天声人語

朝日新闻的早报第1版上长期连载的专栏,1904年刊登了第1期。专栏中的文章由朝日新闻的评论员执笔,就当前的新闻和话题,从不同于社论的角度加以分析。

②レストン

英文姓名:James Reston,中文姓名:詹姆斯·赖斯顿,新闻记者,原籍是苏格兰。生于1909年,逝于1995年。毕业于伊利诺伊大学新闻传播学专业。1934年任职于美联社;1939年任职于《纽约时报》;1961年荣获密苏里大学新闻学院荣誉奖;1991年荣获四大自由奖。

③ジェファーソン

托马斯·杰斐逊,美国第三任总统。出生于1743年4月13日,死于1826年7月4日。他是《独立宣言》的主要起草人,弗吉尼亚大学创始人、思想家、政治家、文学家、建筑师、哲学家、律师等。18世纪启蒙思想在美国的主要代表人之一。

思考問題

1. 政治家は「こちらの立場を考えてくれない」と批判したが、その理由は何か。
2. 筆者は専門家の批判に賛成しない理由は何か。

（二）余録

日本初の郵便切手として1871年に発行された…

日本初の郵便切手として1871年に発行された「竜文切手」をデザインしたのは銅版彫刻師、松田敦朝だった。郵便制度の創始者、前島密は松田にフランス切手を見せ、手彫りの原画作成を依頼した。だが、その精巧さに驚いた松田は「とてもできません」といったん固辞したとの逸話がある（内藤陽介著「皇室切手」）▲それから144年。はがきや封書に日常的に使われ、額面も1円から1,000円まで幅広い普通切手の絵柄は市民生活になじみ深いデザインのひとつである▲日本郵便がその模様替えを進めている。動物、花、風景など自然を題材の基調とした新シリーズで、昨春、消費増税に伴い52円のソメイヨシノなど11種を発行した。2日には新たに12種がお目見えする▲新シリーズのデザインを2人の女性デザイナーが受け持ったことが話題になっている。キャリア17年の星山理佳さんと、10年の貝淵純子さんだ。日本郵便によると、現職の切手デザイナー7人のうち4人までが女性という▲現在はパソコンを活用しての作画だが、膨大な写真資料から図柄を選び丹念に描きこむ職人芸は変わらない。ニホンザル親子を描いた新5円切手や、シマリスの新3円など動物の柔らかで愛らしい出来栄えは印象的だ。貝淵さんは5円のサルについて「特徴的な目を小さな切手に表現すること」に苦心したという▲ヤマト運輸がメール便の廃止を決めるなど信書配達への参入規制問題に加え、切手の無いダイレクトメールや電子メールの普及など、切手を取り巻く環境は決して穏やかでない。それでも、作り手の思いが伝わることはうれしい。

（2015年2月1日『毎日新聞』東京朝刊）

単語

固辞（こじ）	【他サ・名】坚决推辞
逸話（いつわ）	【名】逸闻，逸事
封書（ふうしょ）	【名】封口的书信
絵柄（えがら）	【名】图案

なじみ深い(なじみぶかい)	【形】非常熟悉,很亲密
模様替え(もようがえ)	【他サ·名】改变布局,改变顺序,改变做法;替换图案
シリーズ(series)	【名】系列;连续;丛书
目見え(めみえ)	【自サ·名】谒见,拜见,参见
キャリア(career)	【名】经历;职业
デザイナー(designer)	【名】设计师
図柄(ずがら)	【名】图案,花样
丹念(たんねん)	【形动·名】仔细,细心,精心
シマリス	【名】(松鼠科)花栗鼠,五道眉
出来栄え(できばえ)	【名】做成的结果,完成情况
ダイレクトメール (direct mail)	【名】邮寄广告,信件广告

注　釈

①余録(よろく)

每日新闻的早报第1版上长期连载的专栏,类似于朝日新闻的《天声人语》。

②竜文切手

龙文邮票发行于1871年,是日本发行的首套邮票。全套共4枚,雕刻版、无齿、无胶、无铭记,票中有用汉文书写的面值数字,双龙直立于左右。

③ヤマト運輸

日本的大和运输株式会社(Yamato Transportation)成立于1919年,是日本第二古老的货车运输公司。大和运输的商标是一个黑猫叼着小猫的图案。1976年2月,大和运输开办了"宅急送"业务。

思考問題

1. 日本の郵便切手の歴史についてまとめてみなさい。
2.「作り手の思いが伝わることはうれしい」と筆者が言ったのはなぜか。

（三）読売　社説

認知症国家戦略　高齢者の視点を重視しよう

認知症になっても安心して暮らせる社会の実現に向け、取り組みを加速させる契機としたい。政府が認知症対策に関する初の国家戦略を決定した。高齢者の5人に1人が認知症になるとされる2025年までの対策をまとめた。

医療・介護分野の支援強化に加え、徘徊に伴う事故や詐欺被害の防止、就労や社会参加の促進、治療法や予防法の研究開発など、幅広い内容を網羅している。

認知症の人の生活を支えるためには、多面的な対策や人的資源の投入が欠かせない。政府一丸で着実に実施してもらいたい。

認知症の高齢者は現在、462万人に上る。団塊の世代が75歳以上になる25年には、最大730万人にまで増えると推計される。若年世代の発症も増加している。

認知症は症状を自覚しにくく、悪化後に受診する人が多い。医療・介護の在宅サービスが不十分なため、精神科病院に長期入院したり、特別養護老人ホームなどに入所したりするケースが目立つ。

発症初期から適切な支援を受ければ、症状を抑え、進行を遅らせることが可能という。国家戦略が早期診断・対応の体制整備に重点を置いたのは、うなずける。

保健師らが自宅を訪問して相談・支援にあたる「初期集中支援チーム」を18年度から全市町村に設置する。かかりつけ医などへの認知症研修も拡充する。

初期段階から切れ目のないケアを提供するため、認知症に詳しい医療・介護の専門職の養成を急ぐ必要がある。

認知症の人が住み慣れた地域で暮らし続けるには、近隣住民の理解と協力が欠かせない。国家戦略にも、「認知症の人にやさしい地域づくり」が盛り込まれた。

行方不明になると、市民に一斉メールで知らせて、目撃情報などを提供してもらうシステムを導入している自治体が増えている。さらに普及させたい。

外出の付き添いや安否確認などを担うボランティアの育成や、正しい知識を広める啓発活動を強化することも大切である。

国家戦略が、本人や家族の視点を重視している点は注目される。どのようなサポートを必要としているのか。実態調査の結果を対策に反映させるという。

認知症対策は世界共通の課題である。安倍首相は「世界のモデルとなる取り組みを進める」と強調する。認知症の人を社会全体で支える仕組みを確立し、世界に発信することが期待される。

（2015年2月1日『読売新聞』）

単語

認知症（にんちしょう）	【名】阿尔茨海默病
契機（けいき）	【名】契机，转机；根据，原因
介護（かいご）	【他サ・名】护理
徘徊（はいかい）	【自サ・名】徘徊
詐欺（さぎ）	【名】诈骗，欺诈；诈骗行为
就労（しゅうろう）	【自サ・名】就业，干活，参加工作
網羅（もうら）	【他サ・名】网罗，收罗，包罗
一丸（いちがん）	【名】一团，一体
推計（すいけい）	【他サ・名】推算，估计
発症（はっしょう）	【自サ・名】发病
ケース（case）	【名】情况，事例，事件；容器，盒子
うなずける（頷ける）	【自一】首肯，知晓
保健師（ほけんし）	【名】从事保健指导的人员，保健师
切れ目（きれめ）	【名】裂缝，断裂处；段落，分开处
ケア（care）	【名】护理
盛り込む（もりこむ）	【他五】盛，装入；加入，添加
付き添い（つきそい）	【名】陪伴，随从
サポート（support）	【他サ・名】支持，支援
モデル（model）	【名】模型，样品；模特儿；原型
仕組み（しくみ）	【名】结构，构造；情节，构思

注 釈

特別養護老人ホーム

特殊养老院专为65岁以上，因患较严重的身体或精神疾病，需要长期看护的老人设立。他们在家里无法得到专业的照料，需要移居至特殊老人院接受专业人士的护理。

思考問題

1. 日本政府が決定した認知症対策についてまとめてみなさい。
2. 認知症対策に関する国家戦略の重点は何か。
3. 認知症の人を社会全体で支援するには、具体的にどうすればいいのか。

（四）産経抄

「時間」とは誰の持ち物なのか、と考えることがある。わが国の冠婚葬祭は大安や仏滅など中国由来の六曜に左右される。不動産業界には「契約お流れ」を嫌って、水曜定休の習わしも残る。国家、民族、宗教、慣習。気随気ままになるようで、実は自由の利かない持ち物であろう。

▼古い暦には、いまの1月と2月に当たる月がなかったという。紀元前8世紀ごろのローマで用いられたロムルス暦は1年が304日、3月から始まり12月で終わる。農閑期の1、2月が名無しでも、不自由がなかった（藪内清著『歴史はいつ始まったか』中公新書）。

▼2月が28日で落ち着くまでの曲折は、ここでは触れない。要は地球の公転に合わせ、1年を365日で整えるための補欠である。「今日から月が改まり…」と、ありきたりに書き出そうとした本稿だが、ご都合に振り回された「2月」の悲運を思って、手を止めた。

▼「72時間」「24時間」「1月29日の日没」。デッドラインの上書きを重ねる、顔の見えない交渉相手は、時計を手に右へ左へ走る関係者の混乱を冷笑しているのだろうか。「イスラム国」が後藤健二さんの命の刻限を最後に指定してから、じれるような時間が過ぎた。

▼今回の事件を機に、後藤さんの著書をいくつか手に取った。どれも活字が大きく、漢字には読みがなが振ってある。自身が「時間」をささげたかった相手は、命の芽が上へ上へと伸びる子供たちであろう。命を命とも思わぬ徒輩が自由にできる「持ち物」ではない。

▼米国の作家、ウィリアム・フォークナーの言葉が頭の中で鈍く響く。「時計が止まるとき、時間は生き返る」。狂信者に時計を狂わされた後藤さんの、それゆえに長く、つらく、孤独な時間を思う。

（2015年2月1日『産経ニュース』）

単 語

持ち物（もちもの）	【名】携帯的物品；所有物
冠婚葬祭（かんこんそうさい）	【名】冠婚葬祭（元服、婚礼、丧葬、祭祀祖先），红白事
大安（たいあん・だいあん）	【名】大安，大吉日，万事皆吉的日子
仏滅（ぶつめつ）	【名】释迦的死；万事皆凶之日
習わし（ならわし）	【名】习惯，常规，惯例
気随（きずい）	【形动】任性，随便，放肆
自由が利く（じゆうがきく）	【连语】自由，可以自由
名無し（ななし）	【名】无名
要（よう）	【名】重要的部分，要点，关键
公転（こうてん）	【自サ・名】公转
ありきたり	【形动・名】没有新意，普通，不稀奇
振り回す（ふりまわす）	【他五】滥用，随便使用；随意操纵
悲運（ひうん）	【名】厄运，背运
デッドライン（deadline）	【名】最后底线；最后期限，截稿期
冷笑（れいしょう）	【他サ・名】冷笑，嘲笑
イスラム国（イスラムこく）	【名】伊斯兰国
刻限（こくげん）	【名】限定的时刻，时限，时间，时刻
じれる（焦れる）	【自一】焦急，焦躁
徒輩（とはい）	【名】辈，家伙
狂信者（きょうしんしゃ）	【名】狂热的信奉者
狂わす（くるわす）	【他五】使精神失常；弄乱，使……失去准确性

それゆえ　【接续】因而，因此

注 釈

①産経抄(さんけいしょう)

产经新闻第1版上长期连载的专栏，早报的专栏是《产经抄》，晚报的专栏是《笛》，类似于朝日新闻的《天声人语》。

②六曜

六曜，又称孔明六曜星、小六壬，是中国传统历法中的一种注文，用以标示每日的凶吉。后传至日本，并在当地流行。版本于历代有所转变，现时的版本分先胜、友引、先负、佛灭、大安和赤口。

③ロムルス暦

罗马历为实行于古代罗马王政时期的历法。罗马历起源于太阴历，把每年分为十个月到十三个月，直到公元前46年被儒略历取代为止。

④ウィリアム·フォークナー

威廉·福克纳（1897年9月25日－1962年7月6日），美国小说家、诗人和剧作家，为美国文学历史上最具影响力的作家之一，意识流文学在美国的代表人物。1949年，他因为“对当代美国小说做出了强有力的和艺术上无与伦比的贡献”而获诺贝尔文学奖。

思考問題

1. 文中の「顔の見えない交渉相手」とは、どういう人なのか。
2. 文中の「今回の事件」とは、どういう事件なのか。

第 2 課　東京が世界の未来を拓く

クールジャパン（カッコいい日本）。世界が日本の大衆文化に注ぐまなざしです。発信地東京のさらなる力量が試されます。東京が世界を拓くのです。

昨年十月、週刊少年ジャンプを発行する集英社がトルコのイスタンブール現代美術館で漫画展を開き、反響を呼びました。人気作品の原画を展示したり作画工程を上映したりしました。小学生たちが先生に連れられて社会見学に訪れたというのですから驚きます。

ジャポニスムの再来

周辺のイスラム諸国の潜在需要は高いとみて、集英社は手始めに親日国家トルコでの漫画の出版計画を立てているそうです。米国ではすでに八年前から英訳版の月刊少年ジャンプを出していて三十万部近くが売れています。

漫画やアニメ、ゲーム、映画や音楽、ファッションまで日本の大衆文化が世界を魅了し、クールジャパンと呼ばれています。バブルが崩壊して日本人がふさぎ込んでいるうちに芽生えた現象です。

今や「マンガ」や「オタク」は世界共通語です。東京・秋葉原を中心とした文化はインターネットの普及と相まって瞬く間に地球を駆け巡り、同好の国際コミュニティーを誕生させました。

十九世紀半ば、陶磁器の包み紙に使われてフランスに渡った葛飾北斎の漫画が印象派の浮世絵ブームに火をつけ、ジャポニスムが欧米諸国を席巻したことはよく知られています。クールジャパン現象をその再来とみる向きは少なくありません。

水木しげる氏の漫画『のんのんばあとオレ』や滝田洋二郎監督の映画『おくりびと』が国際的に高く評価されたのは近年の象徴的な出来事でしょう。

クールジャパンの呼び名は米国人ジャーナリストのダグラス・マッグレイ氏が「日本のグロス・ナショナル・クール」という論文を二〇〇二年に発表し

てから定着したようです。

支え合いの心を紡(つむ)ぐ

経済指標の国民総生産(GNP)になぞらえ、ポップカルチャーの力を示す指標としていわば国民総カッコよさ(GNC)を提唱したのです。

そんな日本の大衆文化を学ぼうと来日する外国人留学生がたくさんいます。

東京都内の宝塚(たからづか)大大学院でアニメを専攻する中国人の馬穎寅(マーエイイン)さん(24)はクリエーターの先生になるのが目標です。文化産業を後押(あとお)しする中国では大学の多くにアニメのコースがあり、馬さんも学士の資格は上海で取得しました。

でも「日本人のこまやかな性格や生活習慣を知らないと、実力が身に付きません」と断言するのです。登場人物にどんな個性を与えるか。物語をどんな具合に運ぶか。いくら表現技術が巧(たく)みでも、そこに魂(たましい)を吹き込む力を養(やしな)うには日本留学は不可欠だといいます。

同じように考える留学生は多いそうで、まるで日本人そのものが教科書のような存在なのです。

日本の漫画やアニメがなぜ政治や宗教、民族、慣習などが違う海外で脚光(きゃっこう)を浴(あ)びるのでしょうか。

「日本的想像力の未来－クール・ジャパノロジーの可能性－」(NHKブックス)によれば、美術作家の村上隆氏は「友情だったり愛情だったりを一人ひとりが共有できる」ことが作品のテーマとして貫かれていると指摘しています。

貧しさを背景に生み出された文化ゆえの、広く大衆の心をとらえようと絞り出された知恵だというのです。

人気ゲーム「太鼓の達人」などを手掛けた宝塚大の川村順一(かわむらじゅんいち)教授は「日本は敵を倒して生き抜くという一神教の国ではなく、いわば八百万神(やおよろずのかみ)の国です。日本人の発想の根底には和を尊(とうと)ぶ思いが流れているようです」と見ています。

例えば、米軍は戦争ゲームをつくりネット上で配布(はいふ)して募兵(ぼへい)に利用しています。日本では反戦思想を基調とした戦争ゲームが好評を博しています。そんなところに一端(いっぱし)が表れているというのです。

自然とどう共生し、異質とどう共存するか。グローバル化の荒波(あらなみ)は厳しい問いを世界に突きつけています。それに対し、人びとの支え合いの精神で立ち向かおうとする営みが日本の大衆文化の本質ではないかと思うのです。

東京人が秘める底力(そこぢから)

クールジャパン現象はピークを過ぎたともいわれます。でも忘れてならないのは、その原動力は東京でごく普通に暮らす人たちだったという事実です。東京人の日常にこそ世界をリードする力が秘(ひ)められているのです。

この春にはそんな東京の新しい顔を選ぶビッグイベントの都知事選が待っています。東京人の支え合いの心にどう磨きをかけて世界に発信するか。東京をもっとクールにする知恵を競(きそ)い合ってはどうでしょうか。

（2011年1月3日『東京新聞』社説）

単 語

クールジャパン（Cool Japan）	【名】酷日本
イスタンブール（Istanbul）	【名】伊斯坦布尔（土耳其最大的工商业城市）
ジャポニスム（Japonism）	【名】日本主义，日本元素
手始め（てはじめ）	【名】开始，着手
ふさぎこむ（塞ぎ込む）	【自五】愁眉不展，萎靡不振
同好（どうこう）	【名】兴趣爱好相同，同好
心を紡ぐ（こころをつむぐ）	【词组】聚拢人心
ポップカルチャー（popular culture）	【名】流行文化
クリエーター（creator）	【名】创作者，制作者
脚光を浴びる（きゃっこうをあびる）	【词组】登台亮相，崭露头角，引人注目
クール・ジャパノロジー（Cool Japanology）	【复合名词】酷日本学，酷日本研究
グローバル化（グローバルカ）	【名】全球化
ビッグイベント（big event）	【名】重大活动
磨きをかける（みがき～）	【词组】精益求精
ピーク（peak）	【名】山顶，山峰；高峰，顶峰

注 釈

① 葛飾北斎（かつしかほくさい）

葛饰北斋(1760年—1849年),日本江户时代的浮世绘画家,其代表作有《富岳三十六景》《北斋漫画》,是世界著名的画家。他的绘画风格对后来的欧洲画坛影响很大,据说一些欧洲著名的画家都临摹过他的作品。他还是入选"千禧年影响世界的一百位名人"中唯一的一位日本人。

② 水木しげる

水木茂,日本漫画家。本名为武良茂,1922年3月8日生于鸟取县境港市。现居住在东京都调布市。目前担任世界妖怪协会会长、日本民俗学会会员、民族艺术学会评议委员。鬼太郎的作者,绰号妖怪博士。除拿手的妖怪外,还有以战争、科幻、幽默等为题材的作品。

③『のんのんばあとオレ』《鬼婆婆与孩子王》

著名漫画家水木茂以自传形式写的散文,同时也指以该散文为蓝本绘制的漫画,以及由 NHK 拍摄的电视剧。

④ 滝田洋二郎（たきたようじろう）

日本电影导演,1955年12月4日出生于富山县高冈市,毕业于富山县立商业高中。1974年作为副导演进入电影公司,1985年泷田导演的《不要滑稽杂志!》得到了很高的评价。2001年,泷田执导的奇幻时代剧《阴阳师》成为当年的票房黑马。2004年作品《壬生义士传》获日本电影金像奖最优秀作品奖,2008年作品《入殓师》在加拿大蒙特利尔电影节上摘得最高大奖。2009年该片获日本电影金像奖最佳作品奖和最佳导演奖,并在同年获得了第81届奥斯卡最佳外语片奖。泷田还获得了富山县首次颁发的"县民荣誉奖"。

⑤『おくりびと』

《入殓师》,泷田洋二郎执导的第43部电影,台湾译名为《送行者——礼仪师的乐章》、香港译名为《礼仪师之奏鸣曲》,该片在加拿大蒙特利尔电影节上摘得最高大奖。

⑥ ダグラス・マッグレイ

美国记者，道格拉斯·麦克格雷。

⑦「日本のグロス・ナショナル・クール」

2002年道格拉斯·麦克格雷在美国《外交事务》杂志上发表的一篇文章，英文是“JAPAN’S GROSS NATIONAL COOL”。文章指出日本在所谓经济萎靡不振的“失落的十年”里，反而发展建立起文化软实力这一现象，称其在国际上的影响日增。

⑧ GNC

“Gross National Cool”的缩写。“GNC”是抽象的概念，指一个国家在世界流行的程度，而创造流行形象最终是会转化成为实质的金钱。

思考問題

1.「クールジャパン現象」とは、どういう現象なのか。
2. 筆者は、日本の大衆文化の本質をどう理解しているか。
3.「東京人の日常にこそ世界をリードする力が秘められているのです」と筆者は言っているが、その根拠は何か。

第 3 課　成人の日に考える
人は一日にして成らず

「新成人、おめでとうございます。雪深い森の中に春が隠れているように、自分の中に埋もれた何かを解放する日にしてほしい。私たちも、そうします。

うっすらと積雪に覆われた急な斜面がその日の仕事場です。氷点下。重いチェーンソーを操るために両足を踏ん張ると、足先に痛みが走ります。しかし、そんなつらさも近ごろあまり、気にならなくなりました。」

志津威臣さん(21)は、成人を祝った昨年春、岐阜県東白川村森林組合の森林技術員になりました。古くから大黒柱に使われる良質の東濃ヒノキをはぐくむ森は、村の生命線。子々孫々に美林を伝え残すにはまず組合の若返りが不可欠と、十年前から専従職員の世代交代を進めています。

10年先の森が見える

森林技術員の平均年齢は三十六歳と県内で最も若く、志津さんは中でも最年少の山守です。

「僕も、流される人でした」。志津さんは苦笑しながら“成人前”を振り返ってくれました。

父親は隣の中津川市で働く同業者。子ども時代は、その仕事にまったく興味がわかず、帰宅した父親の「えらい(きつい)、えらい」という声だけが、耳に残っていたそうです。

高校は普通科でした。卒業後は近くの工場に勤めるつもりでいたところ、父親に「山で働いてみんか」と、いつになく強く勧められ、林業の担い手を育てる岐阜県立森林文化アカデミーで二年間、作業の基礎を身につけました。良い木を切れば良い家が建つ。良い森を育てれば地球環境にも役に立つ。次第に山仕事が好きになり、結局父親の跡を追うことに。最大の決め手は、チェーンソーを使うのが面白かったからでした。

昨年の成人式のあと、中学の同窓生約六十人が集まりました。大方は大学に進学し、一次産業に就いたのは、志津さんともう一人だけでした。

20年の節目に立って

「正直、成人と言われても実感はわきませんでした。それよりも、着慣れないスーツが窮屈でした」と志津さんは話しています。

それから一年。父親が「えらい」に込めた森への愛着を、自分でも少しずつ感じるようになりました。

仕事が「えらい」と感じたとき、志津さんは後ろを振り返ることにしています。間伐が行き届き、明るさを取り戻したヒノキ林は、いのちの輝きを放ちます。自分と仲間がそこに残した、紛れもない仕事の成果です。

その次に前を見ます。

天を突く老木を見上げると、十年後この森がどうなるか、志津さん自身がこの森をどうしたいのか、そのイメージが次第にはっきりと見えるようになってきました。

そうやって、自分自身が今いる位置と、その次に成すべきことを確かめながら、志津さんは確信を深めます。「僕の選択は、やっぱり間違っていなかった」。成人の日を祝う理由も、何となくわかったような気がしています。

成人を迎えたとたんに世界のどこかでファンファーレが鳴り響き、何かが変わるわけではありません。自分自身で変えようとしなければ、身の回りも景気も世界もそうそう都合よく、形を変えてはくれません。

ただ、二十年という時間の区切りは、成長という旅の途上で一度来し方を振り返り、行く末に思いをはせてみるのには、ちょうどいい節目です。節目に立って、困惑と選択、反省と決断、失敗と成功を積み重ね、人は死ぬまで少しずつ、成人に近づこうとするのでしょう。

成人とは多分、「する」ものではなく、「していく」ものだと考えます。ローマも人も一日にしては成らず、です。

人は人に成ろうとします。人生を全うしようとし続けます。その意志を強めるきっかけが、成人の日ではないのでしょうか。

「新成人初の人口1%割れ」。元日の紙面に載った気になるニュース。漠然とした不安の影が、新成人の頭上に垂れ込めているようです。

知識にすがりたいと思っても、玉石混交の情報は、枝葉も幹も無秩序に絡み合い、まるでジャングルの様相です。若木の世代をまっすぐ伸ばすには、少しだけ先を行く大人たちの助力も欠かせません。“間伐”が必要です。

風に私の名を呼べば

「困ったことがあったらな、風に向かって俺の名前を呼べ」

映画『男はつらいよ』の寅(とら)さんが残したせりふ。

例えば、私たちはそんな時、「新聞があるじゃないか」と胸を張れる大人でいたい。今日、立ち位置を確かめるべきなのは、二十歳を迎えた若者だけではありません。

（2011年1月10日『東京新聞』社説）

単　語

チェーンソー(chain saw)	【名】(电动伐木)链锯，环状动力锯
大黒柱(だいこくばしら)	【名】顶梁柱，砥柱
山守(やまもり)	【名】护林员，看护山林的工作人员
アカデミー(academy)	【名】学院，大学；协会
全うする(まっとうする)	【他サ】完全履行，保全
ファンファーレ(fanfanre)	【名】吹奏乐曲，(队列)行进的信号
思いをはせる(おもい～)	【惯】遐想，缅怀
すがる(縋る)	【他五】倚靠，依靠
玉石混交(ぎょくせきこんこう)	【名】鱼目混珠，玉石混淆
ジャングル(jungle)	【名】丛林，密林

注　釈

①東濃ひのき

「ひのき」是日本特有的柏科乔木，中文学名叫“日本扁柏”。生长在日本岐阜县东浓地区的“日本扁柏”尤为名贵，是“木曾地区”5种名贵树木之一。

②『男はつらいよ』

这是一部1969年8月正式上映的日本电影，译成中文后叫《寅次郎的故事》。该电影由山田洋次导演，著名演员渥美清担任主角，是一部描写普通老百姓生活的喜剧片。

思考問題

1. どうして「専従職員の世代交代」を進めなければならないのか。
2. 志津さんが山仕事を好きになった理由は何か。
3.「間伐が必要です」とあるが、その理由を考えなさい。

第 4 課　日本経済再生
閉塞感の打破へ政策を転換せよ

日本経済は景気回復の歩みが鈍り、「踊り場」でもたついている。

デフレが続く中で、働く世代の人口減少が始まり、生産や消費への悪影響が懸念される。

米国に次ぐ経済大国だった日本は、このまま衰退の道をたどるのか。社会保障や財政が破綻して、老後の暮らしが立ちゆかなくなるのではないか。そんな不安を抱く人も少なくないはずだ。

強まる閉塞感を打破するため、今こそ経済政策の抜本的な見直しが必要である。

世界同時不況を切り抜け、日本の景気は2009年春から好転した。だが、大規模な景気対策やアジアの成長による外需拡大などが一時的な追い風になっただけで、自律的な成長力の頼りなさは、昨秋からの景気の足踏みを見れば明らかである。

9月のエコカー補助金打ち切りで自動車の販売は急減し、12月の家電エコポイント縮小を機に、薄型テレビなどの売れ行きにもブレーキがかかった。円高に加え海外経済の減速の影響で、頼みの輸出も伸びが鈍っている。

政策も外需も息切れ

雇用も厳しい。失業率は5%台に高止まりしたままで、「就職氷河期」の寒風に吹かれた大勢の若者が“就活”で苦戦している。

それでも、政府や日銀は、アジアなど海外経済が順調に盛り返し、輸出増加をテコに景気が回復していくと見込んでいる。

そんな海外頼みの回復シナリオを描かれても、とても安心はできない。一昨年の政権交代からの度重なる政策ミスが、日本経済の復調を妨げかねないためだ。

最近の失政のひとつは、環太平洋経済連携協定（TPP）への正式参加を見送ったことである。

TPPは、アジア・太平洋の各国が互いに関税を撤廃し、貿易や投資を自由化するもので、アメリカやオーストラリア、シンガポールなど9か国が交渉している。

日本は個別の自由貿易協定(FTA)で出遅(でおく)れ、さらにTPPも不参加となれば、自由な貿易や投資の枠組(わくぐ)みから締め出される。

通商国家の日本にとって致命的な痛手(いたで)となるのに、菅首相はあっさり決断を先送りした。

バラマキ農政を改めよ

関税廃止で安い農産品が大量に輸入され、農業が壊滅する…。農水省や農業関係議員の、こうした主張に耳を貸したためだ。

高関税に守られた農産品の生産額は、主食のコメさえ2兆円に届かない。関税が1,700%のコンニャクイモは140億円、360%のバターも780億円だ。

主要農産品の自給は重要だが、経済全体から見て規模の小さい農産品の保護にこだわり、「平成の開国」を果たせぬようでは、日本は国際競争から脱落する。

成長戦略の着実な実施を

日本は昨年、中国に国内総生産(GDP)で抜かれたとみられる。経済の先細(さきぼそ)りを食い止める手立(てだ)てはないのだろうか。

実はこれまで、政府や民間で数多くの処方箋(しょほうせん)が示されている。

政府の新成長戦略は、環境や医療・介護などの分野で、今後10年に120兆円を超える新たな需要を生み出す構想だ。

労働人口の減少による消費や生産の低迷を防ぐため、女性の就労を促す子育て支援や、医療・介護サービスを充実させて需要を喚起(かんき)する規制緩和など、メニューは盛(も)りだくさんだ。

ところが、いざ実施しようとすると、政府内で足並(あしな)みが乱れて、なかなか前に進まなくなる政策も多い。成長政策で政治のリーダーシップが欠如していると言わざるを得ない。

国民が将来に不安を感じる原因は、経済力の弱体化(じゃくたいか)ばかりではない。社会保障制度のほころびと財政の悪化が、もはや危機的になっていることが大きい。

国の社会保障費は毎年1兆円のペースで増え続けている。年金の国庫負担を、何とか工面した埋蔵金で穴埋めするような無理なやりくりは長続きしない。

安定した財源を確保するため、近い将来、消費税の増税が避けられないことは明らかだ。

菅首相は、事態の深刻さを率直に国民に説明し、税財政の抜本改革に取りかからねばならない。

当然ながら、子ども手当や高速道路無料化など、国民に不評なバラマキ政策を続けたままでは、増税への理解を得られまい。

まずは、政権公約(マニフェスト)を早急に撤回し、日本経済の成長を促す地に足のついた政策を提示すべきだ。

(2011年1月4日『読売新聞』社説)

単語

踊り場(おどりば)	【名】楼梯平台,(转义)经济增长处于停滞不前的状况
もたつく	【自五】行动迟缓,犹豫不决
立ち行く(たちゆく)	【自五】维持
エコカー	【名】(「エコノロジーカー」的略语)绿色环保车
枠組み(わくぐみ)	【名】框架
耳を貸す(みみをかす)	【惯】倾听
コンニャクイモ	【名】魔芋
先細り(さきぼそり)	【名・自サ】日益衰退,每况愈下
手立て(てだて)	【名】办法。做法;顺序
リーダーシップ(leadership)	【名】统率力,领导能力
工面(くめん)	【名・他サ】筹措,筹划
地に足のついた(ちにあし～)	【惯】踏踏实实,脚踏实地

注 釈

① エコポイント

2009年5月15日开始实施的环保积分制度。该制度是日本政府为克服经济危机的对策之一,其目的是为了推行地球温暖化对策,搞活经济,普及数码电视。环保积分制度的适用对象：凡购买有环保积分的家用电器，可以根据积分换取交通卡、购物券、旅游或住宿券以及绿色商品，还可以在安装数码电视时抵扣安装费等。

② 就職氷河期（しゅうしょくひょうがき）

指的是就业困难的时期。

③ バラマキ政策

政府为了搞活地方经济，对公共投资的预算进行审查时，采取宽松的阳光普照政策。

④ 平成の開国

日本首相于2011年初在国会施政演说时提出的口号。

⑤ 埋蔵金（まいぞうきん）

指的是政府留存的资金，其全称为「霞が関埋蔵金」，相当于企业内部留存资金。

思考問題

1.「政権交代からの度重なる政策ミス」とあるが、「政策ミス」の例をまとめてみなさい。
2. 政府や民間で数多くの処方箋を示したが、どうしてそれを実施しないのか。
3. 菅首相にとってやらなければならないことは何か。

第 5 課　家の照明、LEDは本当にメリットがあるか

16%を占める照明電力を大幅削減

発光ダイオードを用いたLED電球。長寿命で省電力なエコ照明として注目されている。

寿命は白熱球が約1,000時間、電球型蛍光灯が約1万時間なのに対し、LED電球は約4万時間。1日平均5時間の使用なら、20年以上交換が不要な計算になる。点灯による劣化が少なく、目安の4万時間を達成しやすいとされている。

消費電力は1時間あたり白熱球54ワット、電球型蛍光灯12ワットに対し、LED電球は7ワット。1日5時間使用の場合の毎月の電気代は、LEDが約23円、電球型蛍光灯約40円、白熱球では約179円の計算で、LEDの電気代は白熱球のわずか13%。10球ある家庭なら、月額1,560円もの差がつくことになる。

家庭で使用する電力の約16%は照明器具が占めていることから考えても、LED電球にすることでかなりの電気代節約効果が期待できるのだ(平成16年度電力需給の概要より)。

とはいえ、白熱球は130円程度で買えるが、電球型蛍光灯は700円程度、LED電球では2,500円程度もする。それでもLEDが得なのか。試算した結果を別表にまとめた。

4万時間使用した場合(1日5時間なら約22年)のイニシャルコストとランニングコストの合計は、LEDなら約9,000円。電球型蛍光灯は約1万4,000円、白熱球では5万円以上にも及ぶ。イニシャルコストが高いとはいえ、電球型蛍光灯を1個、白熱球なら2個使い終わる段階でLEDのほうが得になる計算だ。

さらに秋口以降は単価もかなり下がってきている。イオントップバリュでは、10月から、60ワット相当を1,680円、40ワット相当を1,580円で販売を開始。大手PBブランドの登場により、さらに価格競争が進むことも期待さ

れる。

それではまだ待ったほうがいいか、という疑問が湧くが、前述のとおり、平均寿命や消費電力を含めて今の段階でも十分、経済効果は得られる。使用している電球が切れたところから、順次（じゅんじ）、LEDに切り替えるのが正解だ。

とくに廊下やトイレなど、点灯、消灯（しょうとう）の頻度（ひんど）が高い個所は劣化が少ないLEDの持ち味が生きる。またリビングなど、長時間点灯する個所では、LEDの省エネ性能のメリットが発揮され、電気代節約効果が得やすい。可視（かし）光線（こうせん）のみで紫外線放出がないため、絵画などへの影響も少ない。東芝のLED照明がルーブル美術館に採用されたのも、そのためだろう。

発売当初、一部でチラツキが指摘されたが、現在までにほぼ解消されている。ただし光が直線的で、間接照明では電球や白熱球との差が大きい。その意味でも、切れたところからLEDに切り替え、違いを知っておくといい。

単価が低いため、値下げ交渉は難しく、PBやセール商品などの安いものを探すのが上手な買い方だ。LED購入の際、使い終わった白熱球などを下取（したど）りしてくれる量販店（りょうはんてん）もあるので、チラシなどをチェックしてみよう。今後も値下がりの可能性があるので、まとめ買いはせず、切れたときに買い替えるのがベストだ。調光（ちょうこう）対応タイプ、クリプトン型など、店頭で見つからない物もアマゾンなどで購入できる。

電気代を効果的に節約したいなら、冷蔵庫とエアコンに着目したい。わが家では、十数年前のエアコンを省エネ型に買い替え、1時間当たりの電気代が20円から1.3円に下がった。冷蔵庫は現状より大容量のものに買い替えると思うような効果が得られないこともあるので、ご注意を。

（2011年2月2日『プレジデント』）

単語

ダイオード（diode）	【名】二极管
イニシャルコスト（initial cost）	【名】购置费用，初期费用
ランニングコスト（running cost）	【名】运行成本，（本文中指）电费
秋口（あきぐち）	【名】初秋，入秋
チラツキ	【名】（ちらつく的名词性派生）（灯光）闪烁，耀眼

下取り(したどり)　【名·他サ】以旧换新,折价贴钱换取新商品
チラシ(散らし)　【名】广告,传单
クリプトン(krypton)　【名】(惰性气体元素之一)氪

注 釈

① **LED**

LED 是英文 light emitting diode(发光二极管)的缩写。

② **イオン**(AEON)

日本永旺股份公司

③ **トップバリュ**(TOPVALU)

日本永旺股份公司开发的自有品牌"TOPVALU"。

④ **PB**(private brand)

零售店、批发商的自有品牌。

⑤ **ルーブル美術館**

(法国国立美术博物馆)卢浮宫。

思考問題

1. LED 電球のメリットをまとめてみなさい。
2. LED 電球と普通の電球との違いをまとめてみなさい。

第 6 課 「週刊誌が不況を救う?」

—デフレ時代を生き抜く激裏情報を暴き出す!—

第1位「円高1ドル＝84円デフレで得する裏情報術」(「週刊朝日」2010年12月11日号)

第2位「発表! 今年いちばんうまかった店」(「週刊現代」2010年12月12日号)

第3位「東京高裁貴乃花判決はジャーナリズムへの弾圧だ!」(「フライデー」2010年12月11日号)

(元木昌彦の「週刊誌スクープ大賞」第22回より)

言論表現の自由を脅かす判決が続いている。

「政党のビラを配布するために東京都葛飾区のマンションに立ち入ったことで、住居侵入罪に問われた住職の荒川庸生被告(62)の上告審判決が30日に行われた。最高裁第二小法廷(今井功裁判長)は『表現の自由の行使のためとはいっても、管理組合の意思に反して立ち入ることは管理権を侵害する』と述べて弁護側の上告を棄却した。一審・東京地裁の無罪判決を破棄して罰金5万円を言い渡した二審・東京高裁判決が確定する」(アサヒ・コム11月30日より)。

政党のビラを配るためマンションに入っただけで逮捕され、23日間も身柄拘束されるという「理不尽」な警察による言論弾圧を、最高裁は「表現の自由は無制限に保障されるものではなく、公共の福祉のために必要かつ合理的な制限を受ける」といういつもの論法で、問題なしとお墨付きを与えてしまったのだ。

もうひとつは、今週の「フライデー」が、誌面を使って猛烈に抗議している東京高裁の判決である。貴乃花親方夫妻が遺産相続争いの渦中にあったとき、「フライデー」が報じた内容の一部が名誉毀損に、路上や新幹線の中で撮られた写真がプライバシー侵害に当たると、貴乃花側が訴えていたのだ。その裁判で、11月18日、「損害賠償を払え」という判決とともに、写真を撮ったことを「本人の承諾を得ず、秘密裏に撮影したもので、社会生活上、受忍すべき限度を超えたものであって、人格的利益を侵害するもの」と断じられたことへの反論である。

「これを拡大解釈しすぎるとメディアの取材はほとんど許されなくなり、ひいては社会が崩壊する危険があることを認識するべきです。その意味で、今回の判決は行きすぎだと思います」(田原総一朗氏)

公人・私人の区別はなかなか厄介だが、貴乃花に関しては、多くの人が公人だと認めるに違いない。ましてや撮影場所も公共の場である。

こうした一部メディアを弾圧する判決を見逃せば、近い将来必ず、メディア全体に波及してくることは間違いない。新聞は、写真誌限定の判決だとたかをくくっているようだが、司法のメディアバッシングをメディア全体が一緒になって批判していかないと、この危険な流れをせき止めることはできない。

それにしても、このままいくと芸能人のツーショット隠し撮り写真まで掲載できなくなる心配がある。頑張れ「フライデー」!

第2位は、どこでもやっている企画だが、思わず切り取ってしまったほどバラエティーに富んでいる。グルメライターたちが、今年一番の味を推薦しているのだが、中でも、今年はB級グルメの当たり年らしく、安くてうまい店が多くあるのが嬉しい。

本郷三丁目の中華料理店「いっしょもりてい」の「石焼きあんかけチャーハン」は、読んでいるだけで腹が鳴る。予算は1,500円。タイ北部出身のシェフが腕をふるう歌舞伎町「オイノイ・ランナー」。ここのカレーラーメン「カオイソ」は絶品だという。予算4,000円。

私がいちばん信用しているグルメライター横川潤氏のお薦めは、目黒区上目黒にあるイタリアレストラン「ICARO(いかろ)」。本格的な北イタリア料理が堪能できて6,000円。どこから行ってみようかとワクワクさせる店が満載である。

さて、政府までが正式に認めた大デフレである。円は高くなり、日経平均株価は下がり続け、この冬のボーナスは私がかつて在籍した講談社で、社員3割カット、役員はゼロだそうだ。

収入は減り続けるが、必要なものは買わなくてはいけないし、たまには旅行にも行きたい。そこで、朝日はデフレを利用してワンランク上の生活をしようと「裏技(うらわざ)」をいくつも紹介している。

通常(つうじょう)価格の5割から8割引で、有名レストランで食事ができる携帯サイト「試食会(ししょくかい).jp」。東芝の42型フルハイビジョン液晶(えきしょう)テレビが、量販店(りょうはんてん)では14万9,800円。HISの格安(かくやす)旅行プラン「ミステリーツアー」は、3泊4日で2万円のものもあるそうだ。

紹介制(しょうかいせい)ファミリーセールサイト「ギルト」では、有名ブランドの洋服が最大70%オフで買えるし、定額制(ていがくせい)のエステでは、月6,000円でフェイシャルエステが6回まで受けられる店も増えている。

1泊5万円を超す超(ちょう)高級ホテルでも、当日、予約サイトで申し込めば1万円でおつりがくる値段で泊まれる。不動産、自動車なども安く手に入る時代だそうだ。100円ショップには生活必需品(ひつじゅひん)のほとんどが揃(そろ)えられ、牛丼屋(ぎゅうどんや)も60円値引(ねびき)きすると発表した。

収入も下がったが、物価も下がった。デフレスパイラルを心配するよりも、我々庶民(しょみん)は、安くてよいものが手に入ることを喜ぶべきなのか。

(文=元木昌彦)

「日刊サイゾー」

単 語

激裏情報(げきうらじょうほう) 【名】没有人知道的信息,极其秘密的信息

お墨付き(おすみつき) 【名】盖在公文上的官印

秘密裏(ひみつり) 【名】(处在)秘密状态

たかをくくる(高を括る) 【惯】不当一回事,轻视

メディアバッシング

(media bashing) 【名】对媒体的攻击、中伤

ツーショット 【名】(日式造词)2个人在一起的场面

バラエティー(variety) 【名】变化多端,多样性

グルメライター(gourmet writer) 【名】美食记者

ワンランク(one rank) 【名】一级,一档

フルハイビジョン 【名】(日式造词)高清晰图像

ミステリーツアー(mystery tour) 【名】(旅行社开发的团体旅游)探秘旅游,神秘旅游

エステ　【名】(「エステティック」的缩写)美容

フェイシャルエステ　【名】脸部美容

デフレスパイラル
(deflationary spiral)　【名】通货紧缩螺旋式上升,通货不断紧缩

注 釈

① 小法廷（しょうほうてい）

最高法院审判时,有时候由全体法官组成合议庭,有时候由部分法官组成合议庭。前者为大法庭,后者为小法庭。小法庭由5个法官组成,法定人数为3人。小法庭共有3个。

② 貴乃花（たかのはな）

日本相扑力士,第65代横纲,全名是「貴乃花光司（たかのはなこうじ）」,2003年1月引退。

③「オイノイ・ランナー」

餐厅名,专营泰国料理。

④ H.I.S.

H.I.S.股份有限公司,主要从事旅游代理业务。

思考問題

1.「言論表現の自由を脅かす判決」に対して、筆者はどんな態度を持つか。

2.「デフレ時代を生き抜く激裏情報」はどこから来るか。

第7課　医師を増やすな!?

—全国の大学病院長らが医学部新設反対の“声明文”を公表へ—

「医学部新設による急激な医師の養成増は、かえって医療崩壊を促進し、後世に禍根を残しかねない」—

全国国公私立の医学部・医科大学の病院長や医学部長で組織する全国医学部長病院長会議は1月20日、医学部(医科大学)新設による医師増員策に対し、政府に慎重な対応を求める声明文をまとめ、公表する。

これは深刻な医師不足を解消するため、昨年12月下旬に文部科学省が開催した大学医学部の新設などの是非を検討する専門家会議「今後の医学部入学定員の在り方等に関する検討会」の初会合に合わせて行なうものである。

現在の民主党政権は、マニフェストに基づき、医師数の増加に取り組んでおり、医学部の新設を俎上に載せている。これを受けて、現在、表面化している大学だけでも、国際医療福祉大学(栃木県大田原市)、北海道医療大学(北海道当別町)、聖隷クリストファー大学(静岡県浜松市)の3私大のほか、公立では、はこだて未来大学(北海道函館市)で、医学部の新設構想が進んでいる。

同会議は、こうした動きに対し、昨年2月にも政府に反対の要望書を提出しており、再度の“意見表明”を行うのである(昨年は全国自治体病院協議会、国立大学医学部長会議、日本医師会も同様の意見書を提出している)。

救急車のたらい回しや、医療現場での医師の疲弊ぶりが表面化し、医師不足による「医療崩壊」が社会問題化したのは周知の通りだ。本来、医師の増員策は、医療関係者にとっても悲願であり、歓迎すべき問題のはずである。

にもかかわらず、なぜ大学の病院長や医学部関係者らは、ここまで強く反対するのだろうか。

問題にしているのは増員の方法だ。関係者らは「医師数を増やすこと自体は良い。ただ、その方法が医学部の新設となると弊害が多い」と口をそろえる。

その理由は三つ。

一つは、医師数の不足は解消が見えており、さらに医師を増やすにも、既存大学の定員増で十分に対応できるというものだ。

たとえば、昨年9月に厚生労働省が発表した「必要医師数実態調査」では、十分な医療を確保するためには、約2万4,000人の医師が必要としており、現在の医師数と必要な医師数の合計は約19万1,000人で、現在の医師数の1.14倍としている。

全国80大学の2010年度の医学部入学定員は8,846人(11年度見込みは8,923人)であり、2007年度に比べて1,221人、医学部 12～13校に相当する数が増員されている。現状で毎年約4,000人(勤務医は約3,000人)ずつ医師数が増加しており、今回の厚労省の調査結果である約 2万4,000人の不足分も、単純計算で6～8年後には解消できることになる。

「既存大学で、各校が定員をさらに2～5人程度増員すれば、日本全体で150～330人の増員、医学部2～4校分の医師養成数の増加が可能になる」(関係者)。

二つ目は、医学部を新設する際、教員確保のため、医療現場からの中堅勤務医の引き抜きが生じ、地域病院の医師不足を加速させてしまうという懸念だ。

医学部運営に必要とされる教員医師は1大学あたり約648人である。これに対し、厚労省のデータに基づいた試算では、人口100万人規模の県レベルでの病院勤務医は約960人。うち、教員候補となりうる30～40代の病院勤務医は約560人にすぎない。人口100万人規模の県レベルでの3分の2以上、30～40代の病院勤務医のすべてを投入しても足りない規模の人数を医療現場から引き抜けば、弊害が生じると懸念されているのだ。

三つ目は、一旦、医学部を新設してしまうと、既存大学で定員を増加する方法に比べ、需給状況に応じて医師養成数を減らす調整が難しくなり、現在の歯科医師の世界で起こっているような「医師の過剰」を生み出す恐れがあるためだ。

しかも、1960年代に比べ、医学部の定員は倍増し、少子化によって大学進学年齢人口は半分になっている。「医学部新設による急激な定員増は、医学生の学力低下を招き、医療の質の低下が危惧される」(関係者)という懸念もある。

むろん、こうした意見については「既得権益を守ろうとしているだけではないか」という声もある。

だが、全国医学部長病院長会議の森山寛副会長は「医師1人の養成には、約1億円という莫大な費用がかかり、血税も投入される。医師を増やすために医学部を新設するという政策はわかりやすいが、医師・医学生の質の維持や教育の点からは、既に行われている既存の医学部での増員が適切であり、新設については極めて慎重に考えるべきだ。地域や診療科による偏在の解消、女性医師の活用、医師の事務業務の軽減、勤務医の定年延長など、解決すべき課題はたくさんある」と指摘する。

医学部新設は、1979年の琉球大学が最後で、その後は認められていない。新設されれば、約30年ぶりである。文科省では、年内までに一定の方向性を出す予定だが、この問題は地方自治体や新規参入する大学の意欲と関心が高いだけに、一筋縄では行きそうにない。

（編集部　山本猛嗣）

（2011年1月7日『週刊ダイヤモンド』）

単語

俎上（そじょう）	【名】砧板之上
たらい回し（～まわし）	【名・他サ】（不负责任地）推来推去
引き抜き（ひきぬき）	【名・他サ】抽调、挖人才
血税（けつぜい）	【名】（如同榨血一般的）苛税，重税
一筋縄（ひとすじなわ）	【名】一条绳；通常的手段，普通的办法

注釈

① 聖隷クリストファー大学

日本的私立大学，圣隶克里斯多夫大学。2004年与第三军医大学建立了校际交流关系。

② はこだて未来大学

公立函馆未来大学，2000年4月正式开始招生。

③ 日本医師会

以全日本的医生为会员的公益法人,除“日本医师会”外,还有“日本齿科医师会”“日本药剂师会”,简称“三师会”。

思考問題

1.「医師を増やすな」と大学病院長らが声明文を出す理由は何か。

2.「深刻な医師不足」を解決する方法について考えなさい。

第 8 課　親の経済力と子どもの学歴の相関関係

「保護者の年収が高い世帯ほど子どもの学力が高い」

母子家庭にとって重い教育費負担・父子家庭の父が抱える悩み・母子家庭の母が抱える悩み

2008年度の「全国学力テスト」を受けた公立小学校の6年生について、文部科学省の専門家会議は09年8月、学力と経済力の調査結果を公表した。学力が高ければ本人の学歴にプラスに反映するのは自明の理。それを裏返せば、経済力のない家庭の子どもの学力は相対的に低く、学力の低さはそのまま低学歴につながることになる。参照の図のように母子家庭や父子家庭の親が抱える悩みの1位「教育・進学」が2位以下を圧しているのもそれを強く裏付けている。経済力のない親が子どもの教育や進学について自覚的に悩みを抱えているというのなら、まだ救いがあろうというものだ。

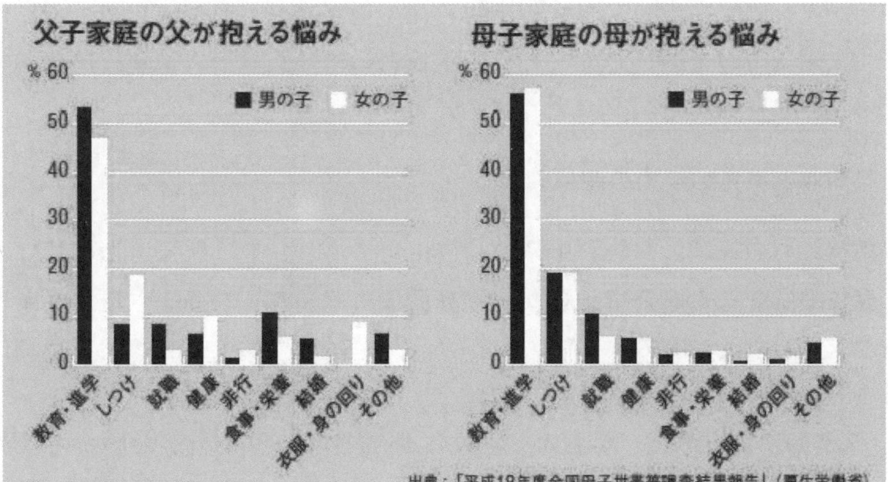

出典：「平成18年度全国母子世帯等調査結果報告」（厚生労働省）

東京都江戸川区で福祉事務所のケースワーカーを中心とした区職員の有

志が無料で週2回、中学3年生に勉強を教える「江戸川中3勉強会」。過去5年間の参加者は123人で、公立・私立の全日制に74人、定時制に44人、通信制の高校に5人を進学させている。特徴的なのは、参加者の48%の59人が生活保護受給者ということ。この勉強会の代表を務める徳澤健氏に話を聞いた。

「ここに来なかったらどうなってしまうかわからない子ばかりです。中卒で社会に出て挫折し、世帯主として生活保護に戻ってくる状況＝貧困の再生産を止めるには少なくとも高校進学が必要なのではないか、という思いのもとで設立されました」。

「江戸川中3勉強会」に参加している中学3年生の成績は5段階評価でオール2前後の子が多く、不登校の子もいる。高校を中退したり、中学卒業後に「やっぱり高校に行きたい」と参加する子も少なくない。掛け算の99やアルファベットも書けないような子も毎年数人おり、自分の住所が漢字で書けない子やカタカナが読めない子もいるという。

これらの生徒たちの家庭環境、そして親たちはどうか。

「母子家庭、父子家庭といったひとり親世帯の子が多く、親や兄弟が高校に進学していないか卒業していない、また非正規雇用やフリーターとして生計を成り立たせている親が多いために子どもと向き合う時間もなく、子どもは高校進学に意味を見出せなくなっています」(徳澤氏)

その揚げ句、「落ち着いて勉強する部屋はなく、幼い弟妹の世話をして1日が終わってしまう」「働いている母親に代わり、家庭の食事はすべて自分が作るかコンビニ弁当」「アルコール依存症の親が突然暴れだすので、家に帰れず公園で時間を過ごしている」「中学校には行ったけど、給食だけ食べて帰ってきた」と話す子どもがたくさんいるという。

世帯年収と児童の学力の関係

生徒たちの親はおおむね中卒か高校中退であり、子は勉強どころではなく高校進学を考える余裕すらない家庭環境に置かれている。さらに健康不安なども重なって将来への希望をまったく持てなくなった子が多い。徳澤氏はこう嘆く。

「経済的に余裕がないからか、学校に対するいい思い出がないからなのか、単に無自覚なのか、家事もやらず子を勉強に向かわせる気がない親が少なくないですね。また、離婚をしたことで精神疾患を抱えている母親もいる。家庭を訪問すると、部屋が片付けられていなかったり、流しが洗い物でいっぱい、という家庭もあれば、机がなく万年床の上だけが自分のスペースという子もいます。明日が子どもにとって大切な期末テストや中間テストだというのに、自分の買い物に平気で付き合わせる母親までいます」

子どもの進路に関わる担任の先生との三者面談に出向くことを拒絶した母親もいるという。その親は中卒だった。父母が離婚してどちらも家を出てしまい、祖父母に引き取られて生活保護を受けている子もいる。やはり、彼らを生むのは低学歴ゆえに子どもの教育に無自覚としかいいようのない親たちなのだ。

高校進学を経済的な事情で断念したり高校を中退した人に無料で勉強を教え、高校卒業程度認定試験(旧大検)の合格を目指している塾がある。元教員の行方正太郎氏が08年に設立した自主夜間学校「蛍雪義塾」だ。埼玉県川口市に教室があり現在は週2回、15人が通う。2年間でのべ100人が受講しているが、年齢は25から35歳と高めで7割が女性だ。受講生の大半がひとり親世帯で育ち、20歳までに結婚して離婚しているという。

「夫のDVで離婚し生活保護を受けながら17歳の娘を育てている35歳の女性は、母親がまったく人付き合いができない人だったといっていました。その人も母親も高校中退です。また、父母とも精神疾患を抱えている25歳の男性は、親戚に引き取られて育ちましたが高校を2度辞めています」(行方氏)

また、スタッフの中には父母が離婚してどちらも引き取らず、3人兄弟がそれぞれ別々の施設で高校卒業まで育った女性がいるという。父親は高卒、母親は中卒だ。

「蛍雪義塾」の代表、行方氏自身が貧しい父子家庭で育った人である。行方氏は、小学校中学校と勉強が苦手で不登校の期間が長かった。小学校入学前に姿を消した母親は高卒と聞いているが、父親は地方の大学を中退しており警備員などの職を転々とする人だった。

「私は父から勉強しろといわれたことが一度もありません。自転車を盗んで補導されたときもひと言もなし。新設で誰でも入れる高校に入学しましたが、勉強についていけず1年生の夏に休学しました。入学したときはアルファベットも書けず、偏差値は35。専門学校に入ろうとしましたが、高卒でなければ入れないとわかって高校に入り直しました。休学中に自分の危うい状況がわかり、働いて生きていくには大学に行く必要があるとわかったんです」。

その後は猛勉強（もうべんきょう）して国立大学教育学部へ入学を果（は）たした行方氏。だがこうした例は極めて稀（まれ）なケースだ。

「かつての自分のように恵まれない子らを応援（おうえん）したいと蛍雪義塾を発足（ほっそく）させました。格差（かくさ）を生み出すのが教育・学歴なら、格差を埋めるのも教育・学歴の役割です」。

今回の取材（しゅざい）で改めて明らかになった「親の貧困、経済格差→子どもの教育格差による低学力、低学歴」の構図（こうず）。この“負（ふ）の連鎖（れんさ）”は否定したくとも否定しきれるものではない。

（『プレジデント』2010年10．18号）

単　語

ケースワーカー（caseworker）【名】社会福利工作者

オール（all）【名】全，全部

ひとり親世帯（ひとりおやせたい）【名】单亲家庭

フリーター【名】（「フリー・アルバイター」的缩写，无固定职业、以打工等为生的）自由职业者

万年床（まんねんどこ）【名】从来不整理的床铺

DV【名】（「ドメスティック・バイオレンス（domestic violence）」的简化体）家庭暴力

蛍雪（けいせつ）【名】（借助萤火虫和积雪发出的光亮读书）刻苦学习

注　釈

① アルコール依存症

酒精依赖症

② 三者面談

学校举行的由教师，学生，监护人就学生的学习生活等进行的三方会谈。

③ 旧大検

高中毕业程度认定考试

④ 補導

（对犯错误的青少年进行）引导；教育。

⑤ DV

「ドメスティック・バイオレンス（domestic violence）」的省略说法。指受到来自于同住的配偶、未办结婚证的男友或女友或者父母、子女、兄弟、亲戚等家庭成员的家庭内暴力。

家庭暴力（domestic violence），简称家暴，指家庭成员间实施身体或精神上的伤害行为。

⑥ 負の連鎖

不好的事情接二连三地发生。或者由于发生了一件不好的事情而造成了不好的连锁反应。

思考問題

1.「江戸川中3勉強会」を設立する主旨は何か。
2.「掛け算の99やアルファベットも書けない」「自分の住所が漢字で書けない子やカタカナが読めない子もいる」とあるが、その背景は何か。
3.「蛍雪義塾」に入って勉強する人はどういう人たちなのか、考えてみなさい。

第9課　就活のミスマッチをもたらす「日本的雇用慣行」という幻想

大学3年生の就職活動は、年明けがもう本番だ。昨年は大学生の就職内定率が6割を切り、今年はそれを下回ることが確実といわれている。その元凶は、よくいわれる新卒一括採用だが、これに怒ったりデモをしたりしてもしょうがない。それは日本の古い雇用慣行の結果であり、原因を変えないで結果を変えることはできない。

採用を新卒だけに限って人事部が一括採用するのは、日本だけの奇妙な雇用慣行である。かつては韓国にも似たような慣行があったが、アジア経済危機のあと終身雇用も年功序列もなくなったといわれている。普通の国では、むしろ経験者が優先され、新卒はインターンのような形で採用することが多い。採用するのも職場のボスなので、何ができるかという専門能力が大事で、仕事がなくなったら解雇するのが当たり前だ。

ところが日本では解雇が困難なので、正社員の採用は非常にリスクの高い投資である。大企業の大卒総合職の生涯賃金は約3億円、年金・退職金を入れると4億円以上の固定費になるため、大企業は正社員を取らないでなるべく契約社員や派遣社員で埋めようとする。大卒の総合職は40年間ずっと勤務して、あらゆる職種で使えることが条件なので、明るくてどんな職種（あるいは子会社）に配置転換されても文句をいわない忠誠心が重要で、専門的技能は必要ない。

学生のほうは何を求められているのか分からないので、就職セミナーで情報収集して「エントリーシート」の書き方や「プレゼンテーション能力」を磨く。しかし採用する企業は、実は出身大学でスクリーニングしている。面接がマニュアル化して、就活だけはうまいが、採用すると役に立たない学生が多いからだ。ところが学生は「学歴にかかわらず優秀な学生を採用する」という建て前に幻想を抱いて、大企業に応募が集中する。

しかし大卒の求人が少ないかといえば、決してそうではない。リクルートワークス研究所の調査によれば、2011年大卒の求人倍率は1.28で、従業員300人未満の中小企業は4.41倍だ。問題は求人情報が偏っていることにある。たとえば就職サイトの最大手「リクナビ」の掲載料は4週間で100万円、年間9回で1,000万円というのが相場で、とても中小企業は掲載できない。このため求人と求職のミスマッチが起きているのだ。

このような問題が起こる一つの原因は「解雇規制」だといわれているが、実は日本の解雇規制は法的にはそれほど厳格ではなく、OECD諸国の平均よりも弱い。特に中小企業では整理解雇は日常的で、解雇された労働者も訴訟を起こすより次の職を探したほうが早いので、あまり労働事件は起こらない。外資系では、訴訟を起こさないことを条件にして金銭で解決するのが普通である。

問題は判例で労働者が手厚く守られているため、大企業が訴訟リスクを恐れることにある。整理解雇については、実質的に企業が破綻しないと解雇できない「整理解雇の4要件」が定着しているが、これは30年前の高裁の判例である。大企業がチャレンジすれば、もっと合理的な判例を引き出すことも不可能ではないが、大企業の整理解雇は最近では日産と日本航空ぐらいしかない。人事部がメディアにたたかれることを恐れるからだ。

この結果、大企業は中高年の社員を整理できず、新卒採用を絞って負担を若者にしわ寄せし、学生はリスクを恐れて大企業に入ろうとする。しかし今のような不合理な雇用慣行が、彼らの定年まで維持されることはありえない。何の専門能力もなくて明るいだけが取り柄の学生を採用していると、企業の国際競争力は低下して経営は行き詰まる。日航のように破綻したら、もっともリスクの高いのは社外でつぶしのきかない汎用サラリーマンだ。もうそろそろ「日本的雇用慣行」という幻想から覚めて、個人の能力を活かす人事システムに変えてはどうだろうか。

（2011年01月06日『Newsweek』）

単語

ミスマッチ（mismatch）　【名】混搭，不协调

インターン（intern）　【名】实习生

エントリーシート（entry sheet）　【名】应聘报名表

プレゼンテーション（presentation）能力　【名】表现力，表达能力

スクリーニング(screening)　【名】筛选，选拔
就職サイト(しゅうしょくサイト)【名】求职网站
OECD　【名】经济合作与发展组织
取り柄(とりえ)　【名】可取之处，优点
つぶしがきく(潰しがきく)　【慣】改行也能胜任，多面手

注 釈

① 就職セミナー

求职宣讲会。

② リクルートワークス研究所

「株式会社リクルートワークス研究所」的简称。以调查劳动者与组织的关系并公布研究结果数据为目的而设立的研究所。

③ リクナビ

「株式会社リクルート」的门户求职网站。

④ 整理解雇

因公司经营困难而进行的以人事调整为目的的人员解雇，即裁员。

“以人事调整为目的的裁员”的四项原则：

1. 有必要为了维持公司的运营而进行人事调整。
2. 应尽量避免出现解雇的结果。
3. 对于解雇人选应有妥当的判定基准。
4. 事前应向职工充分说明情况和相关事宜。

思考問題

1. 日本的雇用慣行において、企業にとって不利な点をまとめてみなさい。
2. 大企業が契約社員や派遣社員を使う理由をまとめてみなさい。
3. 日本の雇用慣行に関して、筆者の主張は何か。

第10課　目を覚ませ大学生

—就職難は恒常化(こうじょうか)?

文部科学省は11月12日、来春卒業予定の大学生の就職内定率が10月1日現在で前年同期に比べて4.9ポイント減の57.6%となり、調査を始めた1996年以降で最低となったと発表した。これは不況のための一時的な現象ではなく恒常的である可能性がある。日本の大卒採用の構造が変化したと考えられるためだ。

ビジネス・ブレークスルー大学の田代秀敏教授は1995年から2010年まで、大学生の10月1日時点の就職内定率の推移(すいい)をグラフ化し、GDPの粋と比べた。

景気も底堅(そこがた)く推移し、団塊世代の大量退職も影響した06～08年以外、2000年代の内定率は伸び悩み、90年代に比べても低い年が多い。田代教授は「企業が成長する新興国(しんこうこく)での採用にシフトしたことが一因(いちいん)ではないか」と指摘する。

同教授は、ある日系大手証券の幹部から次のように聞いたという。「日本でのビジネスは儲(もう)からないから香港に本社機能を移す。ただし日本に顧客(こきゃく)が残っているために大きな声では言わない」。同社(どうしゃ)は中国人の採用を上海と香港で増やす一方、日本での採用を抑制(よくせい)した。別の企業の幹部も「日本の景気が回復したら、中国人の留学生をたくさん採用したい。採用は日本人とは限らない」と話したという。

海外への雇用シフトの動きは上記に止まらない。ユニクロを展開するファーストリテイリング、そして楽天は今夏、社内の公用語(こうようご)を英語にすると発表した。

パナソニックの2011年春の新卒採用計画は、国内外合わせて前年比1割増の1,390人だった。しかし国内採用は210人減の290人。一方で海外採用は47%増の1,100人と過去最多(さいた)になった。

しかも290人の国内採用枠(さいようわく)は日本人向けではない。大坪文雄(おおつぼふみお)社長は『文藝(ぶんげい)

春秋』2010年7月号で「日本国内の新卒採用は290人に厳選し、なおかつ国籍を問わず海外から留学している人たちを積極的に採用します」と言明した。同社の12年度までの中期経営計画(10年5月発表)では中国などでビジネス拡大を狙っており、新興国での採用が増えるだろう。

日本人で日本の大学を卒業し日本語しか話せない大学生であることは、就職活動で不利な条件の一つになるかもしれない。「酷かもしれないが、大学生は採用枠がなくなりつつある現実を直視してほしい。自分のキャリア、スキル、勉強を早めに設計し、日本以外で仕事を見つけることも、視野に入れるべきだろう」。田代教授は警鐘を鳴らす。

長期の景気低迷で、短期の利益に結びつかないCSRや環境貢献活動が低迷する気配がある。同様に、即戦力とならない新卒の採用も切り捨てられているのか。その倫理的な是非はともかく、日本での働き方や就職に暗雲の立ち込める状況は続きそうだ。

(オルタナ編集部＝石井孝明)

(2010年11月19日『alterna』)

単語

底堅い(そこがたい)	【形】(行情)欲跌而未跌的
伸び悩む(のびなやむ)	【自五】停滞不前，进展缓慢
採用枠(さいようわく)	【名】录用范围
酷(こく)	【形动・名】残酷
スキル(skill)	【名】技能

注釈

① ビジネス・ブレークスルー大学

日本商务突破大学(简称 BBT 大学)。日本第一所完全采用在线教学并能取得经营学学士学位的大学。2010年4月1日开设经营学部，设有全球经营学和IT 相关解答学科。

② ユニクロ(UNIQLO)

日本休闲服饰品牌 UNIQLO，“优衣库”。

③ ファーストリテイリング(Fast Retailing)

日本迅销公司,“优衣库”是其旗下品牌。

迅销公司(Fast Retailing Co., Ltd.)成立于1991年,为日本的零售控股公司。持有的品牌包括知名的UNIQLO(优衣库),以及ASPESI、Comptoirdes Cotonniers、Foot Park、National Standard等。

④ 楽天(らくてん)

日本第一大网络购物公司。

⑤ 新興国(しんこうこく)

新兴国。国际社会上在政治、经济、军事等领域取得高速发展的国家被称为新兴国。譬如中国、印度、巴西、俄罗斯等国家就属于新兴国,以上四国的国名字首组成BRICs(意为金砖,所以又称金砖四国)。四国拥有辽阔的疆土、丰富的天然资源、庞大的劳动力等共通点。

⑥ CSR(corporate social responsibility)

企业的社会责任。企业在从事商业活动时不只是以盈利为优先,还必须重视顾客、股东、职工、交易对象、地区社会等各种利益关系者之间的协调并履行社会责任。

思考問題

1. 大学生就職難の原因を考えてみなさい。
2. 企業が外国人を採用する理由を整理してみなさい。
3. 大学生就職難について、田代教授はどう提案しているか。

第11課　日本人ノーベル賞受賞者の軌跡

スウェーデンの王立科学アカデミーは6日、10年のノーベル化学賞を、有機化合物の革新的な合成法を開発した鈴木章・北海道大名誉教授(80)、根岸英一・米パデュー大特別教授(75)、リチャード・ヘック米デラウェア大名誉教授(79)の3氏に授与すると発表した。従来は不可能と考えられていた、2種類の有機化合物を、金属のパラジウムを触媒に使って結合させる「クロスカップリング反応」と呼ばれる手法をそれぞれ独自に開発し、医薬品製造やエレクトロニクス分野で、さまざまな新しい物質の合成を可能にした功績が評価された。日本出身者の受賞は08年の南部陽一郎氏(米国籍)▽小林誠氏▽益川敏英氏＝いずれも物理学賞▽下村脩氏＝化学賞＝に続く快挙で、化学賞受賞は2年ぶり。日本の受賞者数は、南部氏を含め18人(医学生理学賞1、物理学賞7、化学賞7、文学賞2、平和賞1)となった。

授賞式は12月10日にストックホルムで開かれ、3氏には賞金1,000万スウェーデン・クローナ(約1億2,800万円)が3等分して贈られる。

身の回りのものの多くは、炭素原子からなる骨格を持ち、「有機化合物」と呼ばれる。しかし炭素原子同士は安定しているため結合しにくい。それらを自在に結合させ、不要な副産物を抑えながら目的の物質を作り出すことに、多くの化学者が努力してきた。

鈴木氏は米国留学から帰国後の79年、パラジウムを触媒に使い、有機ホウ素化合物から目的の有機化合物を効率的に作れることを発見した。この化学反応は「鈴木カップリング」と呼ばれている。

根岸氏とヘック氏も70年代、パラジウムなどを触媒として炭素同士を結合させる手法をそれぞれ発見。これにより、異なる2種類の有機化合物の結合が可能になった。ヘック氏による「ヘック・カップリング反応」は71年に、東工大の溝呂木勉氏(故人)も独立して同じ反応を報告しており、「溝呂木・ヘック反応」とも呼ばれる。

3氏の業績は、医薬品や化学繊維、液晶などの材料の人工合成を可能にした。クロスカップリング反応に代表される有機合成化学分野では多くの日本人研究者が活躍しており、「日本のお家芸（いえげい）」と言われる。

（須田桃子）

単 語

王立科学アカデミー（～academy）【名】（位于瑞典首都斯德哥尔摩的）皇家科学院
パラジウム（palladium）　【名】（铂族金属元素）钯
エレクトロニクス（electronics）　【名】电子学
炭素（たんそ）　【名】（化学元素）碳
有機ホウ素化合物　【名】有机硼化合物
お家芸（～いえげい）　【名】家传绝技，拿手的技艺

注 釈

① **米パデュー大**

美国普渡大学

② **リチャード・ヘック**

美国科学家理查德·赫克

③ **米デラウェア大**

美国特拉华大学

④ **クロスカップリング反応**

钯催化交叉偶联反应

⑤ **ストックホルム**

（瑞典首都）斯德哥尔摩。

⑥ **スウェーデン・クローナ**

瑞典克朗。100瑞典克朗约合人民币100.9元。

⑦ 鈴木カップリング

铃木偶联反应,又称为"有机合成中钯催化交叉耦合"。

⑧ ヘック・カップリング反応

赫克偶联反应。

⑨ 溝呂木・ヘック反応

沟吕木・赫克反应,(Mizoroki・Heck 反应),又称为"赫克反应"(Heck 反应)。

思考問題

1. スウェーデンの王立科学アカデミーは、鈴木章等3人の研究成果をどう評価したか。
2. 本文においての「日本のお家芸」とは、どういう意味か。

第12課　一流の寿司職人を目指し海外からの留学生が急増中！

海外では「SUSHI」と呼ばれ、世界中で好まれている、代表的な日本料理である寿司。そんな中、日本へ寿司修業（しゅぎょう）にやってくる外国人が急増中（きゅうぞうちゅう）だという。

東京・西新宿の「東京すしアカデミー」は、2002年に設立された日本で唯一（ゆいいつ）の寿司職人養成スクール。通常（つうじょう）養成に五年以上かかるといわれるすし職人を、独自のカリキュラムによって短期間で効率的に育てるという。一年制の寿司シェフコースもあるが、外国人に人気なのは、観光ビザで通える短期集中の江戸前（えどまえ）寿司ディプロマコースだ。

「海外で寿司といえば、ロールと呼ばれる巻き寿司が主流だが、ここ二、三年、日本の正統（せいとう）な江戸前寿司を勉強したいという外国人が増えてきました。そこで昨年から英語で授業を行うコースをスタートさせました」（福江誠校長）

期間は八週間で、和包丁（わぼうちょう）の研（と）ぎ方（かた）、魚のさばき方、握りや巻き寿司の実習のほか、コハダや穴子（あなご）といった江戸前寿司の仕込（しこ）みまで勉強できる。さらに天ぷらやとんかつの揚げ方と盛（も）りだくさんの内容だ。費用は約八十五万円。先日始まったコースには、フランス、イギリス、カナダなどから五名が参加している。オーストラリアから来たオードリーさんは、女性でイタリア料理のシェフ経験が八年ある。

「寿司はヘルシーで将来性があると思った。寿司シェフとして三～四年働いて、将来は寿司レストランのオーナーになりたい。アジの三枚おろしなど、日本人の細（こま）やかな技術に感心した」。

なぜ、わざわざ日本まで？

「日本で、寿司の技術を身につければキャリアアップができるから。ヨーロッパでは、寿司職人の給料は高く、東京の職人の倍くらい。投資額を回収できる見込（みこ）みが十分にある」（前出・福江氏）

先月卒業した、ブラジル出身のアドリアーノ・セガテさんはスペイン・マドリードの高級スシクラブに就職が決まった。ヘッドシェフとして高待遇(こうたいぐう)で迎え入れられた。

「握りで難しいのは形と重さをそろえてふわっと、素早(すばや)く握ること。これからはフュージョンスタイルと伝統的な江戸前スタイルを客の好(この)みに合わせて提供していきたい」。

世界中で多くの外国人寿司シェフが誕生(たんじょう)しそうだ。

（依光晃宏）

（『週刊文春』2010年10月14日号）

単　語

シェフ（chef）	【名】主厨，厨师长
ディプロマコース（diploma course）	【名】职业资格培训课程
ロール（roll）	【名】卷
コハダ	【名】（海水鱼）小斑鰶，幼鰶
穴子（あなご）	【名】（分布在日本沿海的）星鳗，康吉鳗
ヘルシー（healthy）	【形动】健康的，健全的
オーナー（owner）	【名】店主，所有者
アジ（鯵）	【名】竹荚鱼
キャリアアップ（career up）	【名】提高职业素养
スペイン・マドリード（Spain Madrid）	【名】西班牙马德里
ヘッドシェフ（head chef）	【名】首席主厨
フュージョンスタイル（fusion style）	【名】创意融合形式

注　釈

① 魚のさばき方

剥鱼时的处理方法。包括剔除鱼内脏、按照不同的部位和要求进行分割等处理方法。

② 三枚おろし

一种鱼的处理方法，先将有脊椎的鱼一分为二，再从带有脊椎的那一半上将脊椎剔除，从而形成了两片纯鱼片和脊椎三部分。

思考問題

1.「東京すしアカデミー」の設立にどのような背景があるか。

2.「東京すしアカデミー」は、どのように外国人の寿司職人を養成しているか。

3. 外国人が寿司を勉強する目的は何か。

第13課　漁師に「転職」した人「こんなに充実した人生になるなんて…」

もしも生まれ変わったら「こんな仕事に就きたい」などと思ったことが、今までにあったはず。今回は、本誌取材班（しゅざいはん）が実際に脱（だつ）サラしてたとえば漁師になってみた人へのルポをお送りする。現代日本の再就職支援状況と、サラリーマン時代にはない「働きがい」を得た人々の声とは——以下、ジャーナリストの高永昌也氏によるレポートだ。

タチウオ、マグロの幼魚（ようぎょ）・シビ、ほかにタコ、エビなどを獲る。朝の4時に出港（しゅっこう）し夕方4時半に帰る。船で数日を過ごすこともある。「なにものにも拘束（こうそく）されず、満天（まんてん）の星の下でキャンプみたいです」。

深津利光（ふかつとしみつ）さん(44)は、東京・江戸川区に生まれ、20年近いサラリーマン生活のあと、長崎の五島列島で漁師になった。漁師になるのを支援してくれる制度を利用して脱サラに挑（いど）んだ。

今月11月20日にも『東京国際フォーラム』でフェアがある。「全国漁業就業者確保育成センター(03－5215－5690)」が開催する。毎回、200人以上が集まる。求人側は50～60社。ブースで面談（めんだん）する。30代が4割。50代以上も7～8人いる。ここに行き、漁師になる意欲（いよく）が湧（わ）けば、漁港（ぎょこう）で研修を受ける、という制度である。

深津さんの話。

「五島には行ったことがなかったけど、東京のサラリーマン生活には耐えられなかったんです。1年間、師匠（ししょう）に学びました。『漁師はひとりでできないぞ』といわれて、みんなと酒を飲み、分からないことはなんでも教えてもらって」。

月々15万円支給される。独身で、生活には困らなかった。

われらの首相が「一に雇用、二に雇用」と叫ぶまでもなく「雇用不安」はいま爆発（ばくはつ）している。〈非正規労働者〉はこの1年で全雇用者のほぼ半分の1,743万人に達し、年収200万円以下が1,000万人を超えているという。契約期間満了前（まんりょうまえ）に退職させる「雇（やと）い止（と）め」も横行（おうこう）している。

しかし悲観していても、希望は生まれない。「育成センター」に問い合わせ、漁師になった人は各地にいる。矢倉佳典さん(32)は、制服メーカーや電話設備会社の営業など転職を繰りかえし、半年間の研修後、漁師になった。南房総・富浦漁協で小型定置網漁の〈乗り子〉になり、イワシ、サバ、スズキ、アジの群れを追う。

「実は泳げないんです。心配でしたけど、これほど充実した人生に出会えるとは思ってもいませんでした。怪我に気をつけて、ひとつずつ学んでいます。ヒラマサやメジマグロなどの単価の高い魚が入るとワクワクしたり」。

漁業支援だけではなく、各種の職業で、「再就職支援」の機関がある。各地のハローワークに問い合わせたり、パソコンで検索するのもいいが、ことに独立行政法人「雇用・能力開発機構」が各地で催す「離職者訓練」には応募が殺到している。

（『週刊ポスト』2010年11月19日号）

単　語

マグロ(鮪)	【名】金枪鱼
シビ	【名】黄肌金枪鱼，金枪鱼咸鱼
キャンプ(camp)	【名】野营
フォーラム(forum)	【名】论坛
フェア(fair)	【名】展销会
ブース(booth)	【名】(展销会)小隔间
イワシ(鰯)	【名】沙丁鱼
サバ(鯖)	【名】青花鱼
スズキ(鱸)	【名】鲈鱼
ヒラマサ	【名】黄尾鰤
メジマグロ(メジ鮪)	【名】小金枪鱼

注　釈

① 脱サラ

「脱サラリーマン」的省略，即辞去工薪族工作，自己做生意或从事独立工作。

② 南房総（みなみぼうそう）

千叶县房总半岛的南部，属于海洋性温带气候，由于黑潮的因素，这里冬暖夏凉，终年生活舒适。

③ 定置網（ていちあみ）

定置网指一种用于定置网渔业的固定的渔具。由袋状甚至于是篱笆状的渔网以及将其固定于一定场所的桩子、绳索等构成。将滞留于渔网内部的鱼群或是连着网一起上拉，或是通过船上的刺网等进行捕获。根据渔业法，定置网渔业指在水深27米以上的海域内设置固定渔网的渔业。但现在有用于水深100米以上水域的固定渔网。

④ 乗り子（のりこ）

在日本渔船上的正式职工一般称为“乗組員（のりくみいん）”，而个体小渔船上的学徒工通常称之为“乗り子”。

思考問題

1. サラリーマンが漁師に転職する理由についてまとめてみなさい。
2. 深津利光は、自分が漁師になったことをどう思うか。
3. 漁師に転職したサラリーマンは、どんな生活をしているか。

第14課 「結婚の条件」

0.4%の高収入男をめぐる、独身女性の戦い

まずは、野村総合研究所の調査から算出した未婚男性の年収分布図を見ていただきたい。20～49歳までの未婚者のうち、年収400万円未満の男性は83.9%。女性たちが理想とする500万～700万円の層でもやっと4.9%。うち30代はわずか2%である。高年収男性がさっさと結婚しているという現実以前に、若い男性の年収が、一人の稼ぎで中流家庭を支えられないほど下がっているのだ。

	20～29歳	30～39歳	40～49歳	合計
～400万円未満	48.2%	23.7%	12.0%	83.9%
400万～500万円未満	2.1%	4.5%	1.8%	8.4%
500万～700万円未満	1.0%	2.0%	1.9%	4.9%
700万～1,000万円未満	0.1%	0.5%	1.8%	2.4%
1,000万円以上	0.1%	0%	0.3%	0.4%

（野村総合研究所による「生活者1万人アンケート（2009年）より算出、20～49歳までの未婚男性797人を100%とした時の年収別比率）

にもかかわらず、婚活は「独身女性によるわずかな高年収男性の争奪戦」という局面を迎えている。『「婚活」現象の社会学』（山田昌弘編著）という本にも書いたが、今、私と中央大学・山田昌弘教授が提唱した「婚活」とはほぼ逆の現象が起きている。私たちが提唱したのは結婚に対して次の2点の意識変換であった。

（1）自分から動かないと結婚するのは難しい時代である。

（2）夫が主に家計を受け持つ「昭和結婚」ではなく、夫婦合算年収の「男女共同参画型夫婦」を目指さないと結婚は難しい。

結果として、（1）の意識変換は起こり、特に女性たちが積極的に婚活に取り組んだ。しかし、（2）の意識変換は起こらず、金融危機後の不況による就

職活動への絶望とも相まって、若い世代ほど「専業主婦願望」が高まる結果となっている。

しかし、それを受け入れてくれる男性は少ない。先輩夫婦を見て、「妻の働きが家計のレベルを決める」と悟った男性たちは「結婚後も共働きをしてほしい」とはっきりと希望するようになった。

つまり、どんなにハウツーを駆使しても、「婚活の限界」はすでに見えている。養ってほしいという女性の数に対し、養える、養う気のある男性の数が圧倒的に不足しているのだ。結婚が増えるには、女性たち自身が「働く覚悟」と「働ける環境」を手にいれるしかないのだ。

何にせよ、希少な年収1,000万円以上の独身男性たちは引く手あまたの選び放題。しかし逆に、「モテるがゆえに結婚が遠のく」という状況があるのだ。

某結婚相談所の経営者に会ったとき「最近、年収1,000万円以上の男性との結婚ってありますか?」と聞くと「ないですねえ…」。相談所にはかなりハイスペックな男子がそろっていたはずだが…。

「婚活ブームで、若くてきれいな女性たちから次々に申し込まれる。感覚がおかしくなって決められないんですよ」。

50代男性は30代前半まで、40代男性なら20代女性を希望、しかもモデル並みの容姿は当たり前…と、どんどんハードルがあがっているのだ。

しかし、彼らは「スペックモテ男」さんであっても「リアルモテ男」さんではない。結婚情報サービスに集うのは、「恋愛力」にはちょっと欠ける人が多いのだ。お見合いの申し込みはたくさん来るが、必ずしもうまくいくわけではない。

「条件がいいから会ってみたんですけど…初老でした」とふられてしまうこともある。結局、決めきれず、いつまでもお見合いを繰り返すだけだ。

結婚相談所の男性たちですらそんな状況なのなら、ヒルズなどに集う若い高収入の独身男性はどうなのだろうか?

「昨年だけでメアドをゲットした女性の数は300人以上です」。

というのはウチヤマさん(仮名、36歳、IT企業経営、年収1,200万円)。起業家仲間の合コンやパーティは週2、3回。仲間の住む六本木ヒルズやミッドタウンなどで行われる。集まるのは20～35歳のタレントやモデル、女子アナ、OLから女子大生まで。いずれも「容姿に自信がある」女性ばかりだ。

しかし、誰に会ってもピンとこないという。

「女の子がユニクロ化している。みんなほどほどに可愛いしおしゃれだけど、全員同じに見える。僕らは彼女たちのことを、『出回り物件』と呼んでいるんです」。

28歳以上は「婚活でガツガツしていて怖くて近づけない」そうだ。同世代の社長の会があるが「150人いて、独身は片手で数えるほど」。ほとんど既婚者なのに、「独身社長が100人いると勘違いしている女性が多い」と言う。現にウチヤマさんも今年司法試験に受かって働き始めた10歳下の彼女がいる。

「彼女が学生の頃に知り合った。人目を引くほどの容姿じゃないんですが、頭がよくて尊敬できる。結婚しようと思ってますが、彼女が就職したばかりなので、30代になってからと言われてます」。

妻にしたいと思ったきっかけは、一緒に歩いていたときのこと。重たそうな荷物を持った初老の女性が階段を下りていた。彼女はさっと走っていて「お手伝いしましょうか?」と声をかけ、荷物を持つのを手伝った。そこにぐっときた。

物をねだらず、男に奢ってもらうことばかり考えないところもいい。就職して初の給料が出たとき、高級フレンチで10万円以上も奢ってくれたという。

しかし、合コンには誘われたら行く。彼女も「浮気しても戻ってくるならいいよ」と言うし、イケメン独身の彼は「合コンの撒き餌」として重宝されているのだ。これもビジネスの付き合いの一つ。

「男が大成するには、できた嫁が必要」というのはウチヤマさんの社長仲間、イシダさん(仮名、38歳)。18歳で起業、25歳でお金持ちになったが、一度会社を潰し、また東京で起業している。

「派手な女の子と結婚してダメになった社長をたくさん知っています。いいワインが飲みたい、時計を買ってくれ、家がほしい…どんどんエスカレートして、何億あっても財産を食いつぶされます」。

今は彼女がいないイシダさんだが、結婚は真剣に意識しているという。

「でも、奢ってあげて『ありがとう』のメールがない女性はその時点でNG。ブランドバッグを持ってるだけで嫌です」。

家計費を渡したらパーッと使ってしまうような人では困る。会社が傾いたときさっと「へそくり」を出してくれるぐらいがいい。たとえ年収100万円でも貯金する姿勢のある人がいい。それなのに、合コンやパーティに来るのは「基本は男に寄りかかりたい」という女性ばかり。

「男が金持ちになるんじゃなくて、女が男を金持ちにするんだよ。30代女性が社長をつかまえる可能性はかなり低い。合コンに来るより、若い社長の卵を見つけて磨いて真の男にするほうがいいよ」。

今のいい暮らしじゃなくて、10年後を見られる女性が本当のセレブ妻になれるというのがイシダさんの持論。自分もさんざん痛い思いをして得た教訓だ。

「僕は年収350万円のときに結婚しましたよ。起業したばかりで借金もあったし、妻のほうがずっと稼いでいました」。

と言うのは別の会社社長ハヤシさん(39歳、年収1,200万円)。結婚したのは33歳のとき。会社が成功するまでは結婚しないと思っていたが、彼女のお父さんが入院し、挨拶に行った直後に亡くなったことがきっかけとなった。

妻は今、子育て中だが、自宅でフリーの仕事をしている自立した女性。「成功しないと結婚できない」と思っていたのは、ただの言い訳だったとわかった。

「家族がいることで頑張る原動力になる。彼女はキャパの広い女性。やりたいことがある男は孫悟空でいいんですよ。お釈迦様の手の平の上で好きにやる」。

婚活ブームで、年収600万～1,000万円台くらいの未婚男性に「モテバブル」が来ている。多くの女性たちが数少ない彼らを狙って争いを繰り広げるのが現代の婚活市場。しかしそれゆえに、男性も妻を選びきれず、逆に結婚しにくくなっている。そして彼らが独身でいることで、期待して未婚のまま引きずられる女性がいる。それこそが婚活ブームの新たな犠牲者なのかもしれない。

(2010年10月1日『プレジデント』)

単　語

ハウツー(how-to)　【名】方法,方式

引く手あまた(ひくて数多)　【连语】来邀请的人很多,到处有人请。

ハイスペック(high spec)　【名】(“spec”是“specification”缩写)高配置

ハードル(hurdle)　【名】(体育竞赛跨栏用的)栏架;(转义)要求

メアド　【名】(「メールアドレス」的缩写)邮箱地址。

ゲット(get)　【名·他サ】得到

合コン(ごう~)　【名】(「合同コンパ」的缩写)联谊会,茶话会

女子アナ(じょし~)　【名】(「女子アナウンサー」的缩写)女播音员

ガツガツ　【副·自サ】贪婪。贪得无厌。

へそくり(臍繰り)　【名】私房钱

セレブ　【名】(「セレブリティ(celebrity)」的缩写)名人,有钱人

キャパ　【名】(「キャパシティー(capacity)」的略语)容量;能力

注 釈

① スペックモテ男

经济收入高、工作单位好,各方面条件优越而受到独身女性喜欢的男性。钻石王老五。

②リアルモテ男

因各方面条件都很实惠而受到独身女性喜欢的男性。经济适用男。

③ 六本木ヒルズ

六本木新城。六本木新城于2003年正式开业,总建筑面积78万平方米。它是一座集办公、住宅、商业设施、文化设施、酒店、豪华影院和广播中心为一身的建筑综合体,具有居住、工作、游玩、休憩、学习和创造等多项功能。

④ミッドタウン

东京中城(東京ミッドタウン)位于日本东京都港区的多用途都市开发计划区,为近年来日本的各都市再开发计划中规模最大者。

⑤ ユニクロ化

优衣库化，指的是一种商业理念，即“产销一条龙”的经营理念。文中指参加联谊的女性们装扮程式化，没有特色。

⑥ 高級フレンチ

高级法式餐厅，“高級フレンチレストラン”的缩写。

⑦ イケメン

“イケメン”在日语里是“美男子”的意思。它是复合词，一种解释是“イケてる”和“面”的复合，还有一种解释是“イケてる”和英语“men”的复合。

⑧ モテバブル

单身女性争夺条件优越的男性过程中出现的泡沫现象。

思考問題

1. 独身女性がわずかな高年収男性の争奪戦を繰り広げる背景は何か。
2. 高年収男性は合コンやパーティに来る女性をどう思うか。
3. 高年収男性が婚活ブームの新たな犠牲者になるかもしれないと筆者は言っているが、それはなぜか。

第15課　高収入でも危機感！

—妻を戦力化する方法—

ボーナスカットはもちろん、賃下げも珍しくない不況のどん底。ならば稼ぎ手を増やしてはどうか。そう、家には専業主婦という潜在労働力がある。このまま埋もれさせては“不良債権”だが、パートに出てもらえば、家計の戦力に変身だ。

内閣府の『平成20年版男女共同参画白書』によれば、1990年代後半からは共働き世帯数が専業主婦世帯数を逆転し、2007年には専業主婦世帯が851万世帯、共働き世帯は1,013万世帯と差が開き続けている。つまり、共働きが当たり前の時代になったのだ。

東京郊外に暮らす岡村幸子さん（仮名・31歳）は結婚7年目。5歳と7歳の子供がいる。会社員の夫は手取り24万円。結婚3年目に「幼稚園を3年保育にするのも習い事に行かせるのも私の希望だったので」自宅近くにある外食チェーンでホール係のパートを始めた。

1週間のうち平日2日は夫の帰宅後の夜9時から深夜0時まで、土日のどちらかに朝9時から午後3時まで働き月に4万円。その後、出勤日を増やして6万～7万円に。ただし、これ以上は難しいという。「（パートの非課税所得限度額の）“103万円の壁”は超えたくないし、出勤日が多いと、子供が熱を出したときに急に仕事を休めなくなるので」。

パートの日は、「主人が昼ご飯作りや子供の上履き洗い、食器洗いをしてくれて助かりますね」。夫婦ゲンカで「おまえはそれだけしか稼いでいないのに」と言われたこともあったが、「でも、私がいないと無理だよね」と反撃する余裕も生まれた。「パートに出るようになってから、主人に言えることは大きくなったかもしれないですね」と笑う。

専業主婦であることの“重苦しさ”を感じている女性もいる。川村理恵さん（仮名・35歳）は外資系企業勤務の夫（45歳）と東京郊外の戸建て住宅に、8歳と3歳の子供2人と暮らす。夫の年収は1,000万円だが「主人は、毎年リストラに怯えていて、今の会社に50歳までいられないと覚悟しています」。

川村さんは8年前の結婚後、「自分のお小遣いが欲しくて」散発的にコンビニやポスティングの短期バイトをしていたが、最近、得意のピアノを生かして子供向け音楽教室のパート講師を始めた。「準備に手間がかかるので時給換算すると安いですよ。でも自分の能力を生かしたかったので」。週末の昼に1コマ受け持って月2万円。家族旅行の資金だ。

「本当は月8万円くらい稼ぎたい。今の主婦って家事は手を抜いているので時間はあるんですが、子供が病気になったら私がついているしかない。それを考えるとフルに働けません」。夫の気遣いで一番うれしいのは、「精神的な支えや声と、ただの専業主婦じゃないことを認めてほしい。専業って立場は重苦しいですよ。でも103万円の壁を超える気はない。自分で年金を払わずに済みますし」。

川村さんの夫のように、高収入でも危機感を持つ男性は少なくない。とはいえ、外資系金融機関ともなれば年収数千万も珍しくない。それでも夫の強い危機意識から妻の戦力化に踏み切った家庭がある。

外資系金融機関を何社も渡り歩いている吉原郁夫さん（仮名・46歳）は、結婚13年目。妻（36歳）と2人の子供がいる。老後資金10万円と教育資金10万円（2人分）を毎月貯蓄している。5,000万円以上で購入した一戸建てのローンは、月に32万円も返済。2,000万円近い年俸をもらっているからこそできるワザだ。4年前の転職では収入が減少。高収入でも不安定な職。危機感を募らせた吉原さんは、妻にパートに出てくれと頼み込んだ。吉原さんにとって至上命令である毎月20万円の貯蓄が難しくなったからだ。「朝、会社で『もう来なくていい』と通告される同僚を何人も目の当たりにしてきた」だけに恐怖心も人一倍なのだ。

妻はしぶしぶ介護のパートを選択。「資格取得講習会に8万円。移動用の電動アシスト自転車にも数万円。時給は800円で月に1万～2万円の収入。本当に回収できるのか疑問でした」。

結局、1年ほどで妻の仕事はなくなった。ちょうど吉原さん自身は別の外資系証券会社への転職に成功し、多いときには特別ボーナス込みで年収4,000万円近くに達した年も。もっとも「早朝から深夜まで馬車馬のように働く」極度のストレスで、月20万円の“小遣い”も酒や遊びであっという間に消えていった。

ところが、金融危機で年収は1,500万円ほどに急落。これまで貯めてきた老後資金や教育資金の半分は投資信託にしていたため、6分の1ほどに目減りしてしまった。今後、会社に残留できるかどうかわからない。恐れていた危機がやってきたのだ。吉原さんが子供の私立中学進学断念を口にすると、私立派の妻が図書館のパートを始めた。週2、3日で月3万～5万円になる。

最近、老後資金の貯蓄の半分は妻の稼ぎでまかなわれていると考えるようになった。「先日、『本当に助かってるよ、ありがとう』と妻に言ったら、とても喜んでいました。土日の朝はそっと寝かせてあげるようになりました」。

（『プレジデント』2009年6.29号）

単 語

リストラ	【名】企业结构调整，产业重组，裁员
ボーナスカット(bonus cut)	【名・他サ】削减奖金
どん底(～ぞこ)	【名】最底层，深渊
戦力(せんりょく)	【名】战斗力；(转义)赚钱的人
外食チェーン(がいしょく～)	【名】连锁餐馆
ホール係(～がかり)	【名】(餐饮店)大堂服务员
上履き(うわばき)	【名】室内穿的鞋
ポスティング(posting)	【名】街头发放广告
渡り歩く(わたりあるく)	【自五】到处奔走；不断更换职业、工作场所
危機感を募る(ききかんをつのる)	【词组】危机感增强
しぶしぶ	【副】勉勉强强地，无奈地
馬車馬のように(ばしゃうま～)	【词组】埋头苦干，聚精会神
目減り(めべり)	【名・自サ】实际下降，实际损失

注 釈

男女共同参画

男女共同参与。意思是男女相互尊重人权，共同参与社会活动，共同为建设繁荣而又充满活力的社会出力。

思考問題

1.「高収入でも危機感を持つ男性は少なくない」とあるが、その理由は何か。

2. 主婦たちのパートで稼いだお金は主に何に使うか。

3.「103万円の壁」を越えたくない理由について考えなさい。

第16課　妻が仕事を持つと変わる夫婦の力関係

西日本の地方都市に暮らす竹田昭子（たけだあきこ）さん（仮名・44歳）は、結婚8年目にファストフード店でパートを始めた。「家でじっとしているよりも、外に出て働きたかったんです」。

平日3、4日ほど日中に出勤し、4万～5万円程度の収入を得るようになった。末っ子（すえっこ）が高校生になった2、3年前からは週5日、朝8時から午後4時まで勤務。これで月10万円を超える。パート生活もいつしか14年目。「職場にいる若い世代と話していたら、わが子の気持ちがわかるようになりました。最近、うちの子がアルバイトで入ってきたんですが、『お父さん、お母さんの大変さがわかったよ』って言ってました。うれしいですね」と竹田さんは目を細める。働く主婦として夫に求めるものは特にないが、「『生き生きしてるな』とか『楽しそうやな』なんて言われたいですね」と笑う。

こうやって見てくると、妻に働いてもらうなら感謝や慰労の言葉を。元手（もとで）がいらない割に効果的だ。仕事ぶりを認め、褒めて、愚痴（ぐち）を聞く。言われる前に家事を手伝う。

人と仕事研究所『平成21年版パートタイマー白書』によれば、過半数の妻は「ねぎらいの言葉をかけられる」と、働きぶりを認めてもらえたと感じるらしい。逆に金額や勤務日数が少ない点は攻撃しないこと。特に小さな子供はパートの足かせとなる。時には有休を使って子供の面倒を見るなど、上手に妻を支援したい。

しかし、脱・専業主婦による戦力化も一線を越えると思わぬ事態も。メーカー勤務の島田義男（しまだよしお）さん（仮名・45歳）は結婚16年目。中学生の子供が2人いる。妻は子供が幼稚園に行っている間は、近所の花屋のパートで6万円弱を稼ぐようになった。当時、手取り20万円だった島田さんには、ありがたい収入だった。

数年前に転職して年収は970万円に増加。一方、妻は教員免許を生かし、教師の職を得た。「手取り30万円以上あるはずだが、詳細不明（しょうさいふめい）」と島田さん。昨年、子供の教育方針を巡（めぐ）って連日の夫婦ゲンカに。「『いちいち揉（も）めるくらいなら子供連れて出ていくから』と言われたこともありますよ」。

そんなゴタゴタが収束したかに見えた3月のある日。島田さんが電話に出ると、不動産屋を名乗る男が「奥様いらっしゃいますか」。小声で話している妻を怪訝な顔で眺めていると、受話器を置いた妻がこう切り出した。「バレちゃったから言うけど、マンション買おうと思って。子供たちもついてくるって言うし」。資力とともに行動力まで身につけた妻に、島田さんは言葉を失った。

妻が仕事を持つと夫婦の力関係が変わる。そこに気づかずにこれまで通りの関係を続けているとギクシャクしてくる。妻の資力が高まれば、家計の戦力になるが、間違うと暴走してモンスター化する恐れもある。経済力は発言力、時には破壊力にもつながると心得るべきだ。

（『プレジデント』2009年6.29号）

単　語

いつしか	【副】不知不觉，不知何时
目を細める（めをほそめる）	【惯】笑眯眯，满面笑容
元手（もとで）	【名】本钱，资本
ねぎらい（労い）	【名】慰劳，犒劳
足かせ（あし枷）	【名】束缚行动的枷锁
有休（ゆうきゅう）	【名】有薪休假
一線を越える（いっせんをこえる）	【惯】超越界线
ゴタゴタ	【副・自サ・名】争执，纠纷，争吵
収束（しゅうそく）	【名・他自サ】结束，平息；集中
怪訝（けげん）	【形动】惊讶，不可思议
切り出す（きりだす）	【他五】开始谈话，开口说话
ギクシャク	【副・自サ】不自然，别扭，生硬
モンスター（monster）	【名】怪物，恶魔

思考問題

1.「妻が仕事を持つと夫婦の力関係が変わる」とあるが、その理由は何か。

2.働く主婦として夫に求めるものは何か。

3.妻に働いてもらう場合に、夫として何をしたほうがいいか。

第17課　間伐材使用の舗装で環境貢献

アスファルトやセメントを使用しないウッドチップ舗装がある。木材、それも森林保全に役立つ間伐材を約1センチメートルの細かいチップ状にし、なめても安全な自然素材の凝固剤で固めたものだ。マンションの庭や大学のキャンパス、公共施設や公園などに導入されているほか、持続可能な町づくりのため、一般の歩道にも普及を図っている。

この舗装は「間伐材ウッドチップ舗装」と呼ばれ、山から下ろしたヒノキやスギのチップに、海水由来の酸化マグネシウムを主成分とする凝固剤と、土、砂、水を混ぜて固める。色調整にも木の香りが漂う樹皮100%の粉末を使うなど、自然素材へのこだわりは徹底している。

同製品を開発したピーブラン（埼玉県白岡町）の柴山利幸社長は「自然に返る素材しか使っていない舗装は、壊す日が来ても有害なゴミにならない」と、製品の使い終わりを見つめる。

凝固材は、万里の長城に使われた目地材に似た成分で、時間がたつほど強度を増すという。しかし、わだちができると傷むので、車道には向かない。木特有の弾力があり、歩道に適している。

ウッドチップ舗装は多層構造で水を瞬時に吸い込む。水たまりができにくい上に、蓄えた水を徐々に蒸発させてヒートアイランドを防ぐため、遊歩道や公園に取り入れられる例が増えている。

同社がある埼玉県は、都市に隣接していながら面積の3分の1を森林が占める。森林保全につながる間伐（間引き）を促進するため、同社はチップの原料を県産の間伐材と決めた。

この事業を推進するのは、柴山氏が2009年に立ち上げた「間伐材ウッドチップ舗装協会」だ。同協会には現在、企業、森林組合、大学など12団体が参加し、間伐材ウッドチップ舗装の研究開発や普及活動を行っている。森での木登り体験などを含む独自の教育プログラムも展開中だ。

協会ではウッドチップの大量生産体制を整え、公共施設や一般の歩道など公共工事にも積極的に参入しようとしている。2010年には山口県萩市の国定公園で、天然記念物の樹木へと続く歩道の舗装として採用された。今後も環境負荷を低減する工夫を盛り込んだウッドチップ舗装として、公道への普及を目指す。

柴山氏は「親の世代のときに日本の景色は様変わりした。自然とかけ離れた町の姿が、自分の孫の世代まで、このまま続くとは思えない」といい、木の道を増やす事業を「未来世代のために進めておきたいこと」と位置付けている。

（オルタナ編集部＝瀬戸内千代）

（2011年1月31日『オルタナ』）

単語

間伐材（かんばつざい）	【名】（树木）间伐出来的木材
ウッドチップ（wood chips）	【名】间伐出来木材的碎木片、木屑
凝固剤（ぎょうこざい）	【名】凝固剂
ヒノキ（檜）	【名】日本扁柏
マグネシウム（magnesium）	【名】（碱土金属之一）镁
わだち（轍）	【名】车辙
ヒートアイランド（heat island）	【名】热岛效应
遊歩道（ゆうほどう）	【名】人行道，步行街
間引き（まびき）	【名・他サ】（树与树之间）留出间隔。间苗
様変わり（さまがわり）	【名・自サ】样子完全改变
位置付ける（いちづける）	【他一】定位，评价

注 釈

ピーブラン

公司名。全称是“株式ピーブラン”，主要经营碎木片、木屑的销售业务。

思考問題

1.「ウッドチップ舗装」の特徴についてまとめてみなさい。

2.「ウッドチップ舗装」の応用できる範囲についてまとめてみなさい。

3.「ウッドチップ舗装」は、どう位置づけられているか。

第18課　大量供給の裏で処分·遺棄…

ペット業界の構造的問題は

栃木県で犬の死体が大量に見つかった事件。元ペットショップ従業員の男らが逮捕されたが、背景に飼育がずさんな悪質ペット業者の存在など、構造的な問題を指摘する声も出ている。

10月末から11月初めにかけ、宇都宮市の鬼怒川河川敷で45匹、那珂川町の山林で27匹の犬の死体が見つかった。県警は県内の30代と20代の2人が愛知県のブリーダーから処分を任されたとみて廃棄物処理法違反などの容疑で調べている。

見つかったのはいずれも小型犬の成犬で、雌の多くは何度も出産を経験した痕があった。栃木県では7月にも3市で生きた犬6、7匹ずつが捨てられているのが見つかっている。ヘルニアやがん、フィラリアにかかっている犬がおり、劣悪な環境で業者に育てられた可能性が高いという。

栃木県の事件をきっかけに、全国的に犬の遺棄が相次いでいることが明らかになった。佐賀県では10月中旬から11月上旬、マルチーズ18匹が生きたまま見つかっている。群馬県高崎市でも4月に3匹、8月に8匹が捨てられていた。

日本動物福祉協会栃木支部の川崎亜希子支部長は「販売の構造を変えないと、同じような問題は繰り返される」と懸念を示す。今はトイプードルやチワワ、ミニチュアダックスフントなどが人気で、それらが大量に供給される裏で、売れ残った犬や産んだ親犬を処分しなければならない事態になっているという。

川崎さんによると、優良なブリーダーの場合、子犬を産ませるのは3歳程度まで。残る寿命は約10年。栃木県内で100匹以上の犬を扱うブリーダーの男性は「売れ残った犬の面倒を最期までみるのは大きな負担だ。うちではえさ代だけで月10万円超。経済的に難しい人もいるだろう」。

環境省によると、保健所などへの持ち込みで殺処分される犬は2012年度で約3万8千匹。昨年9月に動物愛護（あいご）法が改正され、自治体が業者からの動物引き取りを拒（こば）めるようになった。同省は「売れ残った犬を安易（あんい）に保健所に持ち込む業者が一部にあり、一度飼ったら死ぬまで面倒をみるよう徹底（てってい）させる趣旨（しゅし）だ」。ただ、悪質業者による処分が殺処分から遺棄に変わっただけとの指摘もある。同省は「都道府県の立ち入り調査などで、ずさんな飼育をしている業者を把握（はあく）するしかない」という。

だがペットショップやブリーダーなどの登録業者数は全国で2万2千。栃木県内だけでも約400ある。県内で立ち入り調査を担う職員は40人にも満たない。

欧米には、繁殖（はんしょく）業者の調査を動物専門の取り締まり機関が調べる仕組みがある。アニマルポリスと呼ばれ、業者による動物の扱いに問題があると判断した場合は告発（こくはつ）する。組織によっては逮捕権を持つという。

国内でも兵庫（ひょうご）県警が今年1月、動物に関する通報（つうほう）、相談を専門で受ける「アニマルポリス・ホットライン」を開設。動物虐待（ぎゃくたい）の取り締まりに力を入れる動きが出ている。

自身が暮らす京都市でアニマルポリス導入を求める署名（しょめい）活動をした女優（じょゆう）の杉本彩（すぎもとあや）さんは「先進国でこのようなシステムがないのは日本だけだと思う」とし、導入の必要性を強く訴（うった）える。

「今回の事件は今まで闇（やみ）に葬（ほうむ）られていたものが明るみに出ただけ。これを受けて国が動かないと、同じような問題はなくならない」。

（友田雄大、岩佐友）

（2014年12月5日「朝日新聞」）

単語

ずさん（杜撰）	【形动・名】杜撰；不认真，马虎
悪質（あくしつ）	【形动・名】性质恶劣，质量不好，粗劣
宇都宮市（うつのみやし）	【名】（位于栃木县中部）宇都宫市
鬼怒川（きぬがわ）	【名】（流经栃木县中部的河）鬼怒川
那珂川町（なかがわまち）	【名】（位于福冈市南面）那珂川町
ブリーダー（breeder）	【名】繁殖者，饲养者
容疑（ようぎ）	【名】犯罪嫌疑
痕（あと）	【名】痕迹；遗迹；足迹，去向

ヘルニア（hernia）　【名】疝气
フィラリア（filaria）　【名】丝虫，血寄生丝虫
マルチーズ（Maltese）　【名】（犬种）马耳济斯
懸念（けねん）　【他サ·名】担心，不安
トイプードル（toy poodle）　【名】玩具贵宾犬
チワワ（chihuahua）　【名】吉娃娃
最期（さいご）　【名】临终，临死
拒む（こばむ）　【他五】不应允，不答应，拒绝
立ち入り調査（たちいりちょうさ）【名】现场检查，突击调查
取り締まり（とりしまり）　【名】管理，监管，取缔
闇（やみ）　【名】黑暗，黑夜；非法，不合法
葬る（ほうむる）　【他五】埋葬，安葬；埋没，抛弃；遮掩

注 釈

① 保健所

保健所是保障该地区居民健康和卫生的公共部门，由都道府县、各级市和特别区根据《地域保健法》设置。内设管理野狗、野猫和寻找动物收养者的部门。

②アニマルポリス

动物警察是专门预防和打击涉及动物犯罪活动的组织，起源于欧美国家。该组织依法检举及逮捕虐待动物和违反饲养者义务的人，组织各类活动保护动物。

③アニマルポリス·ホットライン

“动物警察热线”是日本兵库县针对现今猖獗的虐待动物行为，为确保市民生活安全，预防虐待动物案件，于2014年1月6日起专门设立的专线电话。

思考問題

1.「全国的に犬の遺棄が相次いでいる」主な原因は何か。
2. 犬の遺棄問題をなくすために、どうしなければならないか。

第19課　「拘束介護」マンション

総合病院が紹介　入居者の半数

東京都北区の高齢者マンションの「拘束介護」問題で、半数以上の入居者が都内の大学病院など複数の総合病院からの紹介をきっかけに、マンションに入居していたことがわかった。一部の病院は朝日新聞の取材に紹介の事実を認めたが、「拘束は知らなかった」と説明している。

この「シニアマンション」と提携する医療法人の内部資料や関係者の証言によると、病院から紹介を受けた高齢者は、まず医療法人の診療所に転院。原則1～2週間の「入居審査」を受けた後、ほとんどが診療所近くのマンション3棟に入っていた。

朝日新聞は、入居者の紹介元として名前が多く挙がる都内の6病院に取材した。いずれの病院も、看護師や社会福祉士などの専門職が患者の「退院支援」に取り組んでいる。

6病院のうち、2病院は退院後に暮らせる施設の候補の一つとして、シニアマンションを紹介したことを認め、「低価格の施設を望む高齢者に情報を提供していた」などと答えた。

また、別の総合病院は、マンションではなく転院先の診療所を紹介しただけとし、その上で、「（マンション内部には）退院支援の一環として、退院患者の居室を過去数回訪問したことはあるが、マンション全体を見学したことはない」と答えた。

これらの3病院はいずれも、「拘束は知らなかった」と答えた。

このほか、大学病院を含む計3病院は「守秘義務がある」「事実確認できていない」などとして回答しなかった。

医療法人の関係者によると、医療法人の「医療連携担当者」が都内の病院を回り、患者にマンションを紹介してほしいと売り込んでいたという。

この医療法人は取材に「患者・利用者を当法人にご紹介していただいている（中略）病院の医師および医療ソーシャルワーカーの方々からも、『（中略）標準レベルを超えた質の高いサービスを提供している』とのご評価を頂戴しております」と書面で回答した。

拘束介護の問題をめぐっては、東京都が医療法人の訪問介護事業所などに介護保険法に基づき立ち入り監査をし、実態解明を進めている。

「大病院に勧められ、信用」

ある総合病院からシニアマンションを紹介され、90歳を超す母親が拘束介護を受けたという女性は「大病院に勧められ、信用してしまった」と悔しがる。

母親は昨年4月、脳梗塞で倒れ、総合病院に約3カ月入院。リハビリを始めた直後、2週間以内に退院するよう告げられ、女性は病院の社会福祉士らに転院先の紹介を求めた。その際、「別の病院でも3カ月たったら追い出される」「医療・介護が受けられ、長期滞在できる」とマンション入りを勧められたという。

母親は狭い個室で柵に囲われたベッドに寝たきり状態にされた。女性は「母には申し訳ない気持ちでいっぱい。なぜ劣悪な施設を紹介したのか、病院に教えてほしい」と訴えた。

〈日本医療社会福祉協会の佐原まち子会長の話〉退院支援は、自宅や施設に「つないで終わり」ではだめだ。患者や家族に連絡をとったり、ケアマネジャーや地域包括支援センターなどと連携したりして、退院後の生活を注意深く見守る責任がある。施設を紹介するにあたっては、地域の福祉関係者から情報を集めて見極めるなど、病院側に慎重な対応が求められる。

（朝日新聞デジタル2014年11月25日）

単 語

拘束（こうそく）	【他サ・名】拘束，束缚，限制
提携（ていけい）	【自サ・名】携手互助，合作
守秘（しゅひ）	【他サ・名】保密，守秘
ソーシャルワーカー（social worker）	【名】社会福利工作者，社会服务人员
監査（かんさ）	【他サ・名】监察，审计
リハビリ（rehabiltation）	【名】康复疗法
柵（さく）	【名】栅栏，篱笆

囲う(かこう) 【他五】围起来;储藏

寝たきり(ねたきり) 【名】(因病等长期)卧床不起

見極める(みきわめる) 【他一】看清,看透;确认;鉴定,辨别

注 釈

①シニアマンション

日本老年公寓分“租赁型老年公寓”和“出售型老年公寓”。租赁型包括“住宅型收费老人院”“含看护老人院”“理疗院”及“特别养护老人院”等。出售型的最大特征是包含食堂、医疗及看护服务。

②ケアマネジャー

看护支援专业人员通称看护经理,根据日本《看护保险法》向需要护理及看护的老人提供咨询服务,制定护理及看护服务方案,与其他提供护理及看护服务的企业和团体联络协调相关事宜。

③地域包括支援センター

地域统括支援中心是依据《看护保险法》由各区市町村设立,综合管理区域居民的医疗保健及福利,防止虐待,提供看护预防等服务。中心聘用保健师、主任看护支援专员和社会福利工作者等专业人士,提供专业护理及看护服务。

思考問題

1. 患者の家族が病院に勧められて信用した理由は何か。
2. 病院などの専門職が「退院支援」に取り組んだ理由は何か。

第20課　こうや豆腐　たんぱく質、ビタミンミネラル豊富で減量にも有効

低糖質で高たんぱく質、優れた栄養素がぎっしりと詰まっていることから、今注目を集めている「こうや豆腐」。鎌倉時代、高野山で修行と勉学に励む僧侶たちの貴重なたんぱく源だった“高野豆腐”がルーツとも言われる日本のスーパーフードだ。

不足しがちな栄養素を1枚でサポートできるというそのわけは？　管理栄養士で料理研究家の浜本千恵さんはこう語る。

「豆腐の栄養素がギュッと凝縮されたこうや豆腐には、良質な植物性たんぱく質をはじめカルシウム、鉄分、亜鉛などのミネラルやビタミン類が多く含まれています。なかでもけた違いなのはたんぱく質で、こうや豆腐1枚になんと牛乳1杯分以上を含有。たんぱく質は、加齢とともに減ってしまう筋肉や血液を作り出すのに欠かせない栄養素ですが、日本人には不足しがちです。また、女性に必須のカルシウムや鉄分の量が多いのも魅力です。毎日食べる習慣をつけるのがベストですが、2～3日に1度食べるだけでも有効です」。

また、アミノ酸のバランスが良く、体力を強化することはもちろんだが、こうや豆腐には脂肪燃焼系アミノ酸(リジン、プロリン、アラニン、アルギニン)が多いのも特徴で、ダイエットや生活習慣病の予防や改善にも効果的だ。

「こうや豆腐はコレステロールや中性脂肪値を低下させるレシチンや大豆サポニンを含んでいるので、中高年の健康と体形維持には欠かせない食材です」。

女性にとっても、こうや豆腐を食べるべき理由がある。

「新陳代謝に欠かせないカルシウム、亜鉛、ビタミン類は、古い細胞を剥がし、くすみのない肌を作るとともに、薄毛や抜け毛を軽減し艶やかな髪を蘇らせる手助けをしてくれます。また、若々しく血色のよい肌作りや、全身の冷えを改善してくれる鉄分も。女性の体に欠かせない成分の宝

庫なんです」。

さらに、女性ホルモンに似た働きをする大豆イソフラボンが含まれており、ホルモンバランスの乱れを整えてくれるため、40代からの気になる更年期の諸症状には心強いサポーターなのだ。

「安価で手に入りやすい」「単食でも栄養のバランスが抜群」「短期間で減量できる」と、三拍子揃ったこうや豆腐がダイエットに有効だと推奨するのは、肥満治療の権威で医学博士、よこはま土田メディカルクリニック院長の土田隆さん。

2週間で健康的に体重の6%の減量が可能だという。

「とにかく2週間、夕食をこうや豆腐にかえてみてください。何枚食べてもOKです。50kg→47kg、60kg→56.4kgと、体重の6%は確実に落ちます。しかも、筋肉を作るたんぱく質の含有率が高いので、食事制限で心配される代謝の低下もありません。ただし、たんぱく質の摂取で筋肉が増えるわけではないので、適度な運動も習慣にすると、代謝が高まり効果が出やすくなります」。

ダイエット中は食べる量も排便の回数も減るため、十分な水分補給が短期減量の成果を出すポイントだ。

さらに土田さんは、体のリズムと美肌作りにもこうや豆腐が適していると語る。

「こうや豆腐の特徴のひとつが、消化吸収のスピードの速さ。睡眠時に胃に食べ物が残っていると、良質な眠りがとれず翌朝の食欲もわきません。朝食を抜けば血糖値が上がらず1日の活動にも支障をきたします。一方、消化が速ければ翌朝の排便がスムーズで食欲もわき、腸内環境が整います。こうや豆腐に含まれるアミノ酸やビタミンを吸収する率も増え、肌や髪の美しさもアップします」。

（NEWS ポストセブン 10月24日）

単 語

こうや豆腐（高野とうふ）　【名】冻豆腐，高野豆腐

ぎっしり　【副】挤得满满地，装得满满地

ルーツ（roots）　【名】根源，起源，发祥地，祖宗

スーパーフード（superfood）　【名】（营养丰富、低卡路里的）超级食物

ギュッと	【副】用力地(按、拧、拉、握)
凝縮(ぎょうしゅく)	【自サ·名】凝缩,凝结
亜鉛(あえん)	【名】(金属元素)锌
ミネラル(mineral)	【名】矿物质,矿物营养素
けた違い(けたちがい)	【名】数字错位;格外,特别
アミノ酸(アミノさん)	【名】氨基酸
リジン(lysine)	【名】赖氨酸
プロリン(proline)	【名】脯氨酸
アラニン(alanine)	【名】丙氨酸
アルギニン(arginine)	【名】精氨酸
コレステロール(cholesterol)	【名】胆固醇
レシチン(lecithin)	【名】卵磷脂
サポニン(saponin)	【名】皂甙,皂角苷,皂草苷
剥がす(はがす)	【他五】剥下,剥开
くすむ	【自五】无光泽,灰暗
艶やか(つややか)	【形动】光泽,光洁,光润
ホルモン(hormone)	【名】荷尔蒙,内分泌,激素
イソフラボン(isoflavone)	【名】异黄酮
メディカル(medical)	【名】医学的,医术的,医疗的,医药的
摂取(せっしゅ)	【他サ·名】摄取,吸收,吸取
美肌(びはだ)	【名】美丽的肌肤
来す(きたす)	【他五】招来,招致,造成

思考問題

1. こうや豆腐の栄養素についてまとめてみなさい。
2. こうや豆腐の特徴についてまとめてみなさい。

第21課　エコ配が「なでしこ店舗」女性活用で組織を強く

自転車を用い、「ほぼ人力」で宅配便サービスを提供するエコ配(東京・港)が10月末、「女性就労支援モデル店舗」を東京・西新宿にオープンした。取引先は1万社、年間配送個数は1,000万個を突破し、成長を続けるなか、多様な人材確保に取り組む。片地格人社長に同社の戦略を聞いた。(オルタナ副編集長＝吉田広子)

エコ配は2007年、元運送会社の社員らが創業した。配達サイズを固定し、集荷エリアを東京・名古屋・大阪に限定することで、安い配送料を実現してきた。配送料は390円(税抜)からと、一般的な宅配便の約半分の価格だ。

同社の強みは、価格だけではない。自転車を使うことで、CO_2の排出量削減にも貢献している。

同社は配送物の約7割を自転車で配送しているが、遠方に送る場合は、バイクや自動車、公共交通機関などを利用する。そうした場合も、カーボンオフセットを利用し、CO_2排出量を実質ゼロにする。

顧客には「年間CO_2削減証明書」を発行。どの程度環境負荷低減に貢献したか、定量的なデータを提供することで、顧客の環境意識の向上にも努める。

エコ配の「エコ」はエコロジー(環境)とエコノミー(経済)だ。片地社長は、「毛細血管のような都会の配送には、自転車が最適。重要なのは、いかに無駄なく、効率的に運ぶか。自転車配送にすることで、コストも下げられ、環境にも貢献できる」と強みを説明する。

顧客の90%以上は、「安い」を理由にエコ配を利用する一方、「環境に配慮できるから」という理由は、数%にとどまっているという。だが、「毎年、環境に良いから、という理由は増えている」とし、「いずれ『エコ配送はクール』という意識に変わっていくだろう」(片地社長)と期待する。

■ シングルマザーの支援にも

物流業界では、イーコンマースの発展により、取扱荷物量が大幅に増加している。エコ配も大手通販会社から荷物を受託。片地社長は「これから10年で配送する荷物の量を10倍にしたい」と意気込む。

一方で、物流業界は深刻な人手不足に陥っており、人材の確保が喫緊の課題だ。そんななか、同社は、西新宿に「女性就労支援モデル店舗」をオープンした。

「時間単位の有給休暇取得の制度化」「失効年次有給休暇」から、起業支援まで行う「独立支援制度」まで、女性の自立を後押しする制度を整えた。西新宿店では、まず女性6人を雇用したが、100人を目標に採用を進めていくという。

片地社長は、「自転車配送は、運転免許が不要で、荷物のサイズも小荷物に特化しているため、女性でも働きやすい。女性の経済的な自立支援のためだけではなく、当社の人材確保の点でも、女性の活用を進めていきたい」と語る。

片地社長には「子育てと仕事の両立に課題を抱えるシングルマザーの自立支援につながれば」という思いもある。

日本には現在108万人のシングルマザーがいるとされ、予備軍ともなると400万人を超える(2010年、総務省調べ)。母子家庭(20～64歳)の相対的貧困率は60%近く、シングルマザーを取り巻く環境は厳しい。

片地社長は、「子どもがいると女性は強くなり、真面目に一生懸命働いてくれる。彼女たちにも夢があり、それを支援していきたい。深刻な人材不足のなかで、シングルマザーの雇用は理にかなっている」という。

同社は、将来的には役員に女性を積極登用していく考えだ。

片地社長は、「できれば全員正社員が理想。安心して働ける環境と自由度の高い雇用を実現し、女性や障がい者など多様な人材を採用していきたい」と語った。

(オルタナ2014年 11月21日)

単語

エコ配(エコはい)　【名】ECO配送公司

宅配便(たくはいびん)　【名】送货上门服务

集荷(しゅうか)　【他サ・名】集中货物

エリア(area)　【名】区域,地区,领域

税抜(ぜいぬき)	【名】不含税
エコロジー(ecology)	【名】生态学，社会生态学
エコノミー(economy)	【名】经济，节约，节俭
毛細血管(もうさいけっかん)	【名】毛细血管，微血管
クール(cool)	【形动】冷静，凉爽；有魅力，很酷
シングルマザー(single mother)	【名】单身母亲
イーコンマース(E-commerce)	【名】电子商务
喫緊(きっきん)	【形动・名】吃紧，急需，紧迫
年次(ねんじ)	【名】年份；每年
特化(とっか)	【自サ・名】特殊化
理に適う(りにかなう)	【连语】合乎情理
登用(とうよう)	【他サ・名】录用，重用

注 釈

カーボンオフセット

碳补偿项目。人们计算自己日常活动直接或间接制造的二氧化碳排放量，并计算抵消这些二氧化碳所需的经济成本，然后付款给专门企业或机构，由他们通过植树或其他环保项目抵消大气中相应的二氧化碳量。

思考問題

1. 文中の「エコ配」の意味を説明しなさい。
2. 「女性就労支援モデル店舗」をオープンした理由についてまとめてみなさい。

第22課　ニッポンの新幹線はインドに売り込めるのか

世界中で高速鉄道の売り込み合戦がヒートアップしている。とりわけ、モディ首相が導入に熱意を燃やすインド高速鉄道7路線については、日本、フランス、ドイツ、中国などの間で激しい受注競争が繰り広げられている。

7路線のうちもっとも実現性が高いとされるムンバイ—アーメダバード間(約520キロメートル)については、当初フランス系のコンサルタント会社が事業化調査を行ったが、現在は日本とインドによる共同調査が行われている。日本勢の受注獲得に向け一歩前進したといえる。

インド高速鉄道が徐々に具体化

調査が完了するのは15年7月の予定だ。その過程で、かつては夢物語にすぎなかったインド高速鉄道の具体的なイメージが少しずつ明らかになりつつある。

10月22日、都内で開催された高速鉄道国際会議。インド、マレーシア、シンガポール、米国、豪州といった、高速鉄道の導入をもくろむ各国の運輸関係者の間で熱い議論が繰り広げられた。中でも注目を集めたのが、インド連邦議会のN.K.シン名誉議員の発言である。

「高速鉄道の運賃はできるだけ低く抑えたい」「事業リスクを緩和できるビジネスモデルはないか」——。

他国の代表者の発言が、高速鉄道導入による経済発展や環境改善といった一般論に終始していたのに対して、シン議員の発言は資金面や経営面に踏み込んでいた。

日本の技術を取り入れて2007年に開業した中国台湾新幹線の場合、台北—左営間(345キロメートル)の普通運賃は1,630台湾ドル(約5,750円)。東海道新幹線の東京—名古屋間(366キロメートル)の運賃・特急料金1万1,090円のおよそ半額程度だ。日本と台湾では物価や競合交通機関の存在など諸条件が異なるため単純な比較はできないが、ビジネス客から家族連れまで幅広い層に広がっており、利用者数は毎年順調に拡大している。その一方で台湾新幹線の運営会社は、今も巨額の累積赤字に苦しんでおり、その解消は容易でない。

インドのシン議員が懸念しているのも開業後の資金回収計画だ。貧富の差が激しいインドでは料金設定次第で利用者数が大きく変わる。インド政府ではムンバイ—アーメダバード間を含む650キロメートルの事業費をおよそ9,000億円と見積もるが、営業キロが345キロメートル台湾新幹線でさえ総事業費が約1兆7,000億円に達したことを考えると、調査の結果、インドの事業費が9,000億円を上回る可能性は小さくない。

円借款で日本が一歩リード

日本には新興国向けの融資制度として、低利の円借款制度がある。フランスやドイツにも同様の支援制度があるが、「高速鉄道のような巨大事業に融資できるほどの規模はなく、世界銀行の融資などに頼らざるをえない」(日本の政府系機関の幹部)。この点では、日本が一歩リードしている。

だが、新幹線と円借款の組み合わせで受注を獲得できるという簡単な話ではない。円借款のうち、より低い金利が適用される「STEP」制度を利用する場合は、一定割合の日本製品が事業に採用されなくはならないという縛りがある。つまり各国が受注獲得を目指す国際競争入札が行われる場合、円借款が使えなくなる可能性があるのだ。

インドのシン議員は「高速鉄道のファイナンスを行う組織があってもいい。たとえば新たにインフラ建設を支援する開発銀行がアジアに作られる動きがある」と言う。

その念頭にあるのは、中国が主導して設立する国際金融機関「アジアインフラ投資銀行」である。10月24日に設立が決定された。タイミング的には、インド高速鉄道への融資をにらんだ動きと考えて間違いないだろう。

中国の動きはほかにもある。9月には中国がインドに鉄道業界向けの人材を養成する「鉄道大学」を設立することを約束したと伝えられている。日本でも東京大学が今年からインド鉄道省の若手を学生として受け入れるがその人数は少ない。中国は資金面や人材育成面でもインドに攻勢をかけてきている。

日本勢が本気でインドの高速鉄道を獲りにいくなら、新幹線の性能面以外でも強くアピールしていく必要がある。

（東洋経済オンライン 10月25日）

単　語

ヒートアップ(heat up)	【自サ】升温
コンサルタント(consultant)	【名】(企业经营方面的)顾问
夢物語(ゆめものがたり)	【名】空想,梦话,虚无缥缈的话
もくろむ(目論む)	【他五】策划,计划,企图
ビジネスモデル(business model)	【名】商业模式
見積もる(みつもる)	【他五】估计,粗略计算,概算
上回る(うわまわる)	【自五】超过,超出
縛り(しばり)	【名】束缚,限制,期限
入札(にゅうさつ)	【自サ・名】投标
ファイナンス(finance)	【名】财源;财政学;筹措资金,融资
インフラ	【名】(「インフラストラクチャー(infrastructure)」的省略形式)基础设施
攻勢(こうせい)	【名】攻势

注　釈

① モディ首相

纳伦德拉・莫迪(英语:Narendra・Modi,1950年9月17日生,64岁),出生于印度瓦德拉嘎镇(又译瓦德纳加尔),印度政治家,现任印度总理。

②ムンバイ

孟买(英语:Mumbai),印度西岸大城市和全国最大海港,印度马哈拉施特拉邦的首府。

③アーメダバード

艾哈迈达巴德(Ahmedabad),是印度古吉拉特邦的最大城市和重要纺织工业中心,交通枢纽。印度的第七大城市。

④N.K.シン名誉議員

N.K.辛格(1941年1月27日生,74岁),印度政治家、经济学家和前印度行政服务官。

⑤「STEP」制度

STEP：Special terms for Economic Partnership，即日本"本国技术活动条件"缩写。该制度于2002年7月起实施，活用日本先进的科学技术，通过向发展中国家输出技术促进日本的对外援助活动。

思考問題

1. インドの高速鉄道の受注獲得において、日本にとって有利な面と不利な面は何か。
2. インドの高速鉄道の受注獲得において、中国にとって有利な面は何か。

第23課　シャープの液晶再建に隠れた電子部品のずさんな事業管理

スマートフォン向けの中小型液晶へのシフトで、経営再建が軌道に乗りつつあるシャープ。ただその裏で、改革の波に取り残されたある事業部によって、とんでもない事件が巻き起こっていた。

「下期の経営計画は、一事業部のわずかな綻びが全社に影響しかねない、『薄氷』とも言える状況です」。

10月1日。シャープの高橋興三社長は、今年度下期の経営方針説明に当たって、全社に配布した文書の中で、経営の先行きに対する強烈な危機感をあらわにしていた。

「もし少しでも、『我々は危機を乗り越えた』と思っている方がいれば、直ちに考えを改めて下さい」。

そうつづってまで、高橋社長が社内の引き締めを図ろうとしたのはなぜか。時計の針を9月末に戻してみると、その理由がはっきりと分かる。

実はそのとき、高橋社長が一事業部のほころびと指摘した、ある「事件」が起こっていた。

「申し訳ありません。月末までの入金は厳しそうです」。

複数の関係者によると、スマートフォン向けのカメラモジュールなどを手掛ける電子デバイス事業部から、突然、経営陣にそうした報告が上がってきたのは、上期締め日のわずか数日前だった。

具体的には、カメラモジュールを納入した大口の顧客企業から、9月末までに見込んでいた数百億円に上る売掛金の回収が、10月以降にずれ込んでしまうとの内容だったという。

実際に、10月末に公表した上期末の業績を見ると、その実情が垣間見える。上期の電子デバイスの売上高は約1,500億円。それが下期になると、上期比1.8倍の2,700億円をたたき出し、通期で計4,200億円になると予想しているのだ。

上期実績と下期予想の売上高にこれだけの差が開くことは、年末商戦など季節要因による偏りを考慮したとしても、通常のケースとしては考えにくい。

連結貸借対照表で示した9月末の受取手形・売掛金が、6月末に比べて2割近く増加しているのも、そうした事情が影響しているとみられる。

● 事業構造の改革が遅れた電子デバイス部門

「そんな重要なことを、なぜ今になって言ってくるんだ」。

当初見込んでいた上期業績の計画が、大幅に狂うような事態にもかかわらず、期末の直前になって、あるはずの入金がないと報告してくる事業部の姿勢に、経営陣が激怒したのも無理はない。

現預金などの手元流動性が低く、資金の入りと出に必要以上に目を配っているような状況で、経営陣にとっては各事業における管理・監督のずさんさを、指摘されかねないわけだ。

さらに深刻なのは、そうしたお粗末な事件が象徴しているかのように、液晶事業に比べて電子デバイス事業の改革はかなり遅れており、経営再建の足を引っ張り始めているという問題だ。

電子デバイス事業は、売上高の7割前後がカメラモジュールとみられ、そのうちの約8割が「iPhone」など米アップル向けとされる。

そのため、アップル依存から何とか抜け出そうと、中国のスマホメーカーに液晶とセットでクロスセル営業をかけたものの、価格面で折り合いがつかなかったり、搭載予定の機種の投入が中止になったりと、なかなか奏功しなかったという。

期初に150億円を見込んでいた営業利益を、10月末時点で30億円にまで下方修正したのも、そうした要因が大きい。

ただ、問題の本質は、そうした取り組みの成否ではなく、必ずうまくいくような想定で、売り上げや利益の見通しを事業部が出し、その丼勘定に組織全体として、これまで疑問を挟んでこなかったことにこそある。

落ち度は、シャープだけでなく、金融機関にもありそうだ。

今から2年前、業績の大幅な悪化によって手元資金が急減し、社債などの償還が危ぶまれるという非常事態を受け、三菱東京UFJ銀行とみずほ銀行の2行は、経営再建に向けて、旧三和と旧富士銀行出身の役員OBを新たに送り込み、シャープを事実上の管理下に置いてきた。

内部から、会社の状況を綿密にモニタリングし、迅速な資金供給と再建につなげるためだったが、今になって電子デバイス事業の問題が相次ぎ噴出(ふんしゅつ)したことで、監視(かんし)の目が全く行き届いていないことが、図(はか)らずも証明されてしまったといえる。

折(おり)しも、シャープは4～6月期に、懸案(けんあん)だった事業の継続性(けいぞくせい)(ゴーイングコンサーン)に対する疑義(ぎぎ)が、決算短信(けっさんたんしん)の重要事象の欄(らん)から、約2年ぶりに消えた。

社内では「あたかも再建が終わり、普通の会社に戻ったかのような雰囲気が広がりつつあった」(幹部)というが、社員も銀行も気を緩(ゆる)めているような暇はまだなさそうだ。

(2014年11月10日『週刊ダイヤモンド』)

単語

シフト(shift)	【他サ・名】变动，改变；切换，换位；变速，换挡
綻び(ほころび)	【名】绽裂，开裂
あらわ(露)	【形动】暴露，显露；公然，公开
つづる(綴る)	【他五】缝补，拼接；创作；拼写
引き締め(ひきしめ)	【名】收紧，紧缩
スマートフォン(smartphone)	【名】智能手机
大口(おおぐち)	【名】大宗(交易)；大话，牛皮
売掛金(うりかけきん)	【名】应收账款，赊销金
ずれ込む(ずれこむ)	【自五】拖延(到下一个阶段)
垣間見える(かいまみえる)	【自一】能管窥到一点
デバイス(device)	【名】组合元件；器件，设备
たたき出す(叩きだす)	【他五】敲打出；赶走
通期(つうき)	【名】整个会计年度，全年度
受取手形(うけとりてがた)	【名】应收票据
目を配る(めをくばる)	【连语】注意往四处看，多方留神
カメラモジュール(camera module)	【名】摄像模块，手机摄像头
折り合い(おりあい)	【名】相互关系，相处；妥协，和解
奏功(そうこう)	【自サ・名】成功，奏功；成就，立功
丼勘定(どんぶりかんじょう)	【惯】大致的收支计算

危ぶむ(あやぶむ)	【他五】挂念，担心，感到危险
モニタリング(monitoring)	【名】监测，监控，监视
折しも(おりしも)	【副】正当那时，恰好那个时候
気を緩める(きをゆるめる)	【惯】放松警惕，麻痹大意

注 釈

① カメラモジュール

相机模组。由镜头、传感器、后端图像处理芯片和软板四个部分组成，多用于数码设备及手机摄像设备。

② 連結貸借対照表

合并资产负债表。反映以母公司为核心的企业集团在某一特定时期财务状况的报表。

③ クロスセル営業

交叉营销，指通过把时间、金钱、构想、活动或演示空间等资源整合，为任何企业，包括家庭式小企业、大企业或特许经营店提供一个低成本的渠道，去接触更多的潜在客户的一种营销方法。

思考問題

1. 文中の「とんでもない事件」とは、どんな事件なのか。
2. 電子デバイス事業の問題の本質について述べなさい。

第24課　軽い風邪に、薬は逆効果!?
正しい対処法とは

風邪薬の副作用で、さらに体調悪化も

風邪にかかりやすいシーズンがやって来た。「なんだか身体がだるくてノドも痛い。でも、風邪をこじらせても、仕事を休むことはままならない」といった人は多いだろう。

しかし、市販の風邪薬を飲んで早く治そうとすれば、さらに身体がだるくなり、発熱なども生じる。こんな逆効果が、早期の風邪の対処法で起こることがあるという。

「医者が家族だけにはすすめないこと」（セブン＆アイ出版）の著者、医学博士で「セルバンク」（東京都港区）代表取締役の北條元治氏が警鐘を鳴らす。

「市販薬にしても、病院で処方された薬にしても、風邪を根本的に治すことはできません。風邪のおよそ8割は、アデノウイルスやライノウイルスなど、ウイルスが体内で増殖することが原因ですが、インフルエンザの治療薬のように、風邪のウイルスを退治する薬はまだないのです。そのため、発熱、咳、鼻水などの症状を和らげる対症療法が、風邪治療の基本となります。特に市販薬は、複数の症状に対応した薬が配合されているため、軽度な症状のときに飲むと、副作用が強く生じ、逆効果につながることがあるのです」。

風邪薬には、熱に対する解熱剤、鼻水には抗ヒスタミン薬、咳には咳止めや去痰剤など、それぞれの症状を封じ込める薬がある。市販薬には、幾つもの症状を抑える成分が配合されていることが多い。

本格的な風邪にかかったときに服用すると、一気に症状を封じ込めることも可能だ。しかし、「だるくてちょっとノドが痛い」といった軽症のときに飲むと、薬の副作用が出やすくなり、「ますますだるい」などの不調が起こりやすいのだ。

「風邪の初期症状では、身体をなるべく冷やさないようにし、消化の良い料理を食べ、睡眠時間をいつもより長めに取るのが基本的な対象法です。身体が冷えると免疫力が落ち、ウイルスの粘膜からの侵入を招きやすくなります。また、消化の良い食べ物は、体力を維持するために必要不可欠ともいえます。それは炭水化物です。ご飯とみそ汁、おかずといった和食は、初期の風邪を撃退するのに役立ちます」。(北條氏)

こってり系の食事やガッツリ焼き肉はご法度

ストレスにさらされ、睡眠時間も短いビジネスマンは、免疫力が低下しやすい。とはいえ、仕事をないがしろにして睡眠時間の確保も難しい。そこで、1枚下着を多く着るなど、身体を温めつつ、和食に舌鼓を打つことが風邪の防御法となるという。

しかし、「だるい」と感じたときに、活力をつけるために、こってりとした料理を食べる人もいるだろう。これも逆効果になる。

「胃腸に負担をかけると、消化吸収能力が低下して体力や免疫力は落ちます。例えばガッツリ焼き肉を食べるというのは、風邪の初期症状のときには向かないのです。炭水化物は、エネルギー源に変わりやすいため、体力維持に役立ちます。和定食を適度に食べつつ、自己免疫力を高め、風邪をこじらせないようにしていただきたいと思います」。(同)

健康な人ならば、3日間程度で風邪の症状は治まるという。ただし、抵抗力がないと風邪は悪化する一方。そんなときこそ、市販薬や医療機関の対症療法が功を奏する。

「一番注意しなければいけないのは、風邪のウイルスの増殖で抵抗力が低下し、別の細菌などによって起こる『肺炎』です。これを二次感染といいます。命に関わるだけに危険です。3日間経っても、症状が治まらずにひどくなる、あるいは、症状がツライならば、医療機関を受診してください。小児や高齢者は発熱による脱水症状でも、命に危機が及びます。ビジネスマンも、こまめに水分補給して、肺炎と脱水症状には注意しましょう」。

肌荒れは風邪の引きやすさの証

① 日頃からダイエットなどで、バランスの欠いた食生活をしている人は、炭水化物、タンパク質、脂質、ミネラル、ビタミンを食事からバランス

良くとるように心掛ける。

② ウォーキングなどの有酸素運動や、こまめに歩くなど、適度な運動で体力を維持する。

③ 通勤電車など人混みの中に入るときには、マスクを着用し、通勤先や自宅に着いたら手洗いとうがいをする。

④ 風邪の初期症状を感じたら、身体を冷やさないようにし、温かい飲み物、和食、睡眠をなるべくとるようにする。

⑤ 急に寝込むと、体内時計のバランスが崩れるなど、体調不良に結びつくことがあるため、風邪の初期段階では、マスクを着用しつつ、日常生活を淡々とこなす。

⑥ 突然の39度以上の発熱など、インフルエンザが疑われるときには、医療機関をすぐに受診する。小児や高齢者は、風邪の初期段階でも医療機関を受診させること。

⑦ 通常の風邪症状がひどくなったら、風邪薬を活用する。

「偏食をしている人は、肌の状態が悪く、ニキビなども生じやすいでしょう。肌荒れは体内の粘膜の機能が弱まり、風邪になりやすい証でもあります。バランスの良い食事を適度にとって、運動習慣のある人は、肌の状態もよく、風邪にもなりにくい。私も週に1回は、ジムで筋トレや水泳で汗を流すようにしていますが、この習慣を取り入れてから風邪はひかなくなりました。日頃からの生活習慣を少し見直して、風邪予防に役立ててはいかがでしょうか」と北條氏はアドバイスする。

（2014年10月28日『東洋経済』）

単語

こじらせる（拗らせる）	【他一】使病情加重；使……复杂
アデノウイルス（adenovirus）	【名】腺病毒
ライノウイルス（rhinovirus）	【名】鼻病毒，感冒病毒
ヒスタミン（histamin）	【名】（生化）组胺
こってり	【副・自サ】（味道、颜色）浓厚；厉害，腻人
ガッツリ	【副】结实，坚固；充分，多
法度（はっと）	【名】禁止，禁令；法度，法律
舌鼓を打つ（したづつみをうつ）	【惯】咂嘴

功を奏する(こうをそうする)	【惯】奏效,事情办成
こまめ(小まめ)	【形动】勤奋,勤快,勤勤恳恳
肌荒れ(はだあれ)	【名】皮肤粗糙
証(あかし)	【名】证据,证明
ウォーキング(walking)	【名】步行,散步,竞走
有酸素運動(ゆうさんそうんどう)	【名】有氧运动
淡々(たんたん)	【形动】淡泊,淡定,淡然
こなす	【他五】处理好;熟练,运用自如;消化
ジム(gym)	【名】体育馆,健身房
筋トレ	【名】(「きんりょくトレーニング」的省略)体力训练,肌肉锻炼

思考問題

1.「市販薬にしても、病院で処方された薬にしても、風邪を根本的に治すことはできません」とあるが、その理由は何か。
2. 初期の風邪を撃退するのに、どうすればよいのか。

第25課　世界一と称される日本人のマナー

政府が進めるクールジャパン戦略（せんりゃく）の進捗（しんちょく）にかかわる評価はともかくとして、外国人から見てみると、いまなお日本人の行儀（ぎょうぎ）の良さが「クール」であることは間違いないようだ。

商談（しょうだん）で度々日本を訪れるという30代の米国人ビジネスマンは、心底（しんてい）感心した様子でいう。

「日本は公共の場所に必ずゴミ箱があるし、観光地ではゴミを持ち帰るルールも浸透（しんとう）している。本当にどこへ行っても街がキレイですね」。

何気（なにげ）なく暮らしていると気付きにくいことも少なくない。

「日本人はエレベーターで見ず知らずの人にも『開（かい）』ボタンを押して先を譲（ゆず）りますよね。エスカレーターなら、どこにも何も書いてないのに片側をきちんと空けて急ぐ人のための道をつくっている。オ・モ・テ・ナ・シの国なんだなって思います」。（シンガポール出身の女子学生）

たとえば東京は物価の高さからいえば、決して暮らしやすいとはいえない都市だし、満員電車や渋滞（じゅうたい）でも悪名（あくめい）高い。それでも、感心することは多いという。香港から赴任（ふにん）している40代の証券（しょうけん）マンの声だ。

「車列（しゃれつ）に入れてもらったり、道を譲ってもらった時に多くのクルマがハザードを点（つ）けてありがとうのサインをしますね。最初は意味がわからなかったのですが、みんな渋滞でイライラしてるはずなのにあくまで協調性（きょうちょうせい）を失（うしな）わない。

有名なお店に並ぶ時の行列（ぎょうれつ）もそうですね。誰もインチキして順番を飛ばそうとしたりしないで大人（おとな）しく待ってる。素晴らしいですよ」。

近頃はベビーカーで電車に乗ることの是非（ぜひ）が論争（ろんそう）になったりもしたが、外国人にとっては電車内でのマナーも概（おおむ）ね好評（こうひょう）といえそうだ。前出（ぜんしゅつ）の米国人ビジネスマン。

「朝のラッシュ時（じ）でも知らない人同士が見事に綺麗（きれい）に並んでまず乗客を先に降ろし、間髪入（かんぱつい）れずに乗り込む。流れを阻害（そがい）する要因が極めて少ないからこそダイヤは正確なわけですからね。夜は迷惑な酔（よ）っ払（ぱら）いをたまに見ますが(笑い)絶対数はすごく少ないし、女性が深夜にひとりで乗っても問題ない。みんな譲り合って坐ってますものね」

日本人のモラルの低下が叫ばれることもままあるなか、外国人からみればまだまだ品位は保たれているようでひと安心である。

外資系予約サイトがかつてホテルの従業員に行なったアンケートによると、宿泊客としての日本人のマナーはイギリス、カナダ、ドイツ人らを抑えて圧倒的な1位だった。もともとの意識の高さに加え、ルールを順守する精神も強いがゆえなのだろう。

日本人の適応性が顕著に現れているといえそうなのが、分煙ルールではないか。

まだまだ満足するレベルにはないとする手厳しい向きもあろうが、千代田区で路上喫煙が禁止されてからのこの約10年 、喫煙環境は様変わりし、駅のまわりや飲食店等でも様々なかたちの分煙環境を目にするようになった。それとともに、一昔前と比べれば、喫煙者のマナーも向上している。

日本駐在となった夫ともに8年前に来日した米国人女性はこんな言い方をした。

「日本人が分煙に取り組むスピード、その緻密さは凄いと思います。アメリカでは、建物内を全面禁煙にしても屋外には特に厳密な制限は設けていないので、ニューヨークでもLAでもビルの外ではみんな適当にプカプカやってますし、ポイ捨ても少なからずある。でも、日本人はいったん分煙すると決めたら、喫煙所をきっちりつくってそこに集まって本当にお行儀よく吸いますよね。

コンビニに行けば携帯灰皿は必ず売ってますし、空港や高速道路のサービスエリアの最新型の喫煙所なんてアメリカとは違って、屋外であっても、きっちり屋根や壁もあり、空気清浄機まで入っている所もありますよね。あれを見るとクールジャパンを実感しますよ」。

2020年の五輪は、東京が世界のモデル都市であることをアピールする場になる。「日本人のマナー劣化」は避けたいものだ。

（2014年10月24日『NEWS ポストセブン 』）

単 語

進捗(しんちょく)　　【自サ・名】进展；升职

渋滞(じゅうたい)	【自サ・名】停滞不前;堵车
ハザード(hazard)	【名】(汽车的)警示灯
サイン(sign)	【自サ・名】发送信号,暗示
インチキ	【自サ・形动・名】作弊,作假;骗人的花招
ベビーカー(baby car)	【名】婴儿车,童车
概ね(おおむね)	【副・名】大约,大致;梗概,概要
間髪を入れず(かんぱつをいれず)	【副】间不容发,立刻,马上
ダイヤ	【名】(「ダイヤグラム(diagram)」的简化)图表,列车时刻表
モラル(moral)	【名】道德,道义;(寓言中的)寓意,教训
プカプカ	【副】吧嗒吧嗒抽烟的样子
ポイ捨て(ぽいすて)	【他サ・名】乱扔东西
サービスエリア(service area)	【名】服务区,播送区,休息场所
きっちり	【自サ・副】紧紧地,没有空隙地;精确地
劣化(れっか)	【自サ・名】恶化,劣化,老化;退化

注 釈

① クールジャパン戦略

"Cool Japan"战略。2013年2月,日本首相安倍晋三开始正式推进旨在向海外推介日本食品、动漫及地方产品的"酷日本战略"。希望通过向全球展现日本的软实力来提升对外形象,帮助"重拾日本人的骄傲和自信"。

②LA

洛杉矶(Los Angeles),位于美国西海岸,又称"天使之城"。

思考問題

1.「電車内でのマナーも概ね好評…」とあるが、その例をまとめなさい。

2.「あれを見るとクールジャパンを実感…」とあるが、「あれ」は何を指すか。

第26課　予備校の次は大学が消える

2018年問題の衝撃　18歳人口の激減で問われる教育産業の未来

「夏草や兵どもが夢の跡」と松尾芭蕉が奥州・平泉で詠んだとされる句を思い起こしたと言ったら失礼だろうか。

今年8月末、大手予備校の代々木ゼミナールは全国27校舎のうち20校舎を来春閉鎖すると発表した。これを受けて不動産会社が校舎や敷地の再利用・再開発に食指を動かしているとのニュースに接した感想だ。

とりわけ仙台駅東口から徒歩5分の一等地に建つ仙台校は垂涎の的になっており、9月18日付の読売新聞によれば、地元の不動産業者は角地に立つ仙台校の成り行きに強い関心を示しているという。

代ゼミは受験業界に君臨する予備校最大手だった。それが事業の縮小を余儀なくされ、400人規模の希望退職を募るという。いずれ古い校舎は解体され、かつて奥州藤原氏が栄華を誇った場所が夏草の茂る野原に変わり果てていたように、そこに代ゼミがあったことを思い出す人もいなくなってしまうのかもしれない。

多くの人たちに衝撃を与えた代ゼミの事業リストラ——しかし、それはとば口に過ぎない可能性が大きい。

代ゼミが規模縮小に追い込まれたのは、一つには受験生のニーズの変化に追いつけず、他の大手予備校との競争で劣勢に立たされたからだ。理系の学部を目指す受験生が増えているのにもかかわらず、私立文系コースをいわば売り物にしていた。東進ハイスクールなど他の大手予備校はネット配信授業を取り入れ、受講生が時間に縛られずに勉強できるようにしたのに代ゼミは大教室での授業が中心だった。

しかしそれ以上に大きいのは浪人生の激減である。少子化と大学数の増加で現役合格者が増えたため、ピークの1992年に29万4,000人いた浪人生は今や約8万人に過ぎない。この極端な市場の縮小が代ゼミの存立基盤を直撃したのだ。

実は市場の縮小は他の予備校の経営も揺るがしている。100年以上の歴史を持つ研数学館は2000年に廃校、関西の大手、大阪予備校も2006年に廃校に追い込まれた。

加えて2018年には18歳人口が一気に減少する「2018年問題」が待ち受けている。予備校のみならず学習塾や大学までもが顧客の減少に直面するのだ。

今後、教育産業はどのような変化を遂げるのだろうか。生き残るにはどうしたらいいのか。教育産業の変容は僕たちにどんな影響をもたらすのだろうか…。

浪人生の減少にさらされた他の大手予備校は学習塾と提携し、現役の高校生や小中学生を囲い込もうとしていた。東進ハイスクールを運営するナガセは2006年に四谷大塚を買収、2008年には河合塾が日能研と業務提携して中学受験向けの学習塾を共同で設立した。小中学生の時は学習塾で、大学受験は予備校でと、系列による一貫した教育サービスを提供しようと考えたのだ。

しかし、この戦略にも2018年問題が待ち構えている。

日本の人口は2008年の1億2,800万人をピークに減り始めているが、18歳人口は2009年以降も安定的に推移していた。2011年が120万人、2013年が122万8,000人で、2015年も120万人と予想されている。

ところが2018年から様相は一変する。同年は117万4,000人と2013年から5万人も減り、2024年には106万1,000人と110万人を割ってしまう。2013年からの約10年で16万人以上も減る計算だ。

18歳つまり高校3年生の人口減少は現役の大学受験市場の縮小を意味する。それだけではない。2018年以降の18歳人口の減少は子供たちの減少にほかならない。学習塾の存立基盤さえ危うくなってしまうのだ。

今後――2018年までの数年間で予備校、学習塾の再編はさらに進むだろう。その過程で経営体力や知名度に劣る中小規模の企業・事業者は撤退を余儀なくされるに違いない。もしかしたらナガセ、河合塾など大手の系列による寡占化が進むかもしれない。

通信教育の分野でもベネッセホールディングスなど大手が市場占有率を高めていくだろう。数多くの学習塾や予備校が提供する多様な教育サービスの中から自分に合った方法を選ぶ選択肢はずっと狭まってしまいそうだ。

2018年問題の影響が及ぶのは予備校・学習塾だけではない。大学もまた厳しい状況にさらされている。18歳人口は2018年には2013年から5万人減り、2024年には2013年から16万人減ると先に書いた。

これが大学の経営にどんな影響を与えるのかというと、大学進学率(しんがくりつ)は5割前後(ぜんご)なので2018年は2013年に比べて2万5,000人、2024年は2013年に比べて8万人も進学者が減ってしまう。つまり1,000人規模の大学がそれぞれ25校、80校も消滅(しょうめつ)してしまう数字なのだ。

日本の大学数は778校(短大を除く。文部科学省学校基本調査・2010年)なので80校とは実に10分の1の割合である。大学にとっては戦後で最も深刻な経営問題にほかならない。

大学は今、あの手この手で生き残りを模索(もさく)している。慶應(けいおう)大学や早稲田(わせだ)大学は社会人を対象にした大学院を充実させているし、就職に有利なIT(情報技術)関連学科を導入した大学も枚挙(まいきょ)に暇(いとま)がない。著名人(ちょめいじん)を客員教授などに招(しょう)へいする大学も増えている。

さらに千葉(ちば)工業大学が東京スカイツリータウン内にある商業施設、東京ソラマチに「東京スカイツリータウンキャンパス」を開設(かいせつ)し、ロボットを展示するなどして行(ゆ)き交(か)う人に存在感をアピールするなど、話題のスポットに拠点を設け、知名度と関心を高めようとする動きも活発(かっぱつ)になっている。

さらに今、多くの大学で開催されているオープンキャンパスでは、小・中学生に好印象(こういんしょう)を与え、将来、受験してもらおうといういわば青田(あおた)買(が)いの動きも目立っている。

大阪府にある近畿(きんき)大学医学部が7月下旬(げじゅん)に開いたオープンキャンパスでは、将来医師を目指す小中学生を対象に特別授業を開催し、100人を超える小中学生を集めた。「病理組織(びょうりそしき)の観察」の授業ではがん細胞を観察、小・中学生たちは医療用の手袋をはめてがんに侵された肺などの感触(かんしょく)も確かめたりしたという。東邦(とうほう)大学医学部・看護(かんご)学部(東京都大田(おおた)区)でもこの7月末、小学5、6年生を対象に「小学生夏の医学校」を開講(かいこう)し、カエルの心臓(しんぞう)や血液を観察したりした。(8月28日のMSN産経west)

さらに慶應大学も大学院生が企画(きかく)した「子どもサマースクール」を開講、参加した小中学生約150人が「アナウンサーに挑戦(ちょうせん)」「めざせ翻訳家」などの授業を受けたという。(8月22日のテレ朝news)

小中学生へのアピールが将来、受験生や入学者数の増加になって返ってくるのかどうかはもちろん未知数だ。大学側もそれはわかっているだろう。そうでもしなければという危機意識の強さの表れにほかならない。

教育産業を襲う淘汰の波は少なからぬ負け組を生んでいくだろう。教育事業から撤退する予備校や学習塾、キャンパスを閉鎖する大学のニュースが今後、新聞紙面を賑わせるかもしれない。

その一方で、厳しい競争は新たな教育を生む煉獄の役割をも果たすはずだ。国際化、国際情勢の混迷、人口減少、格差の拡大、技術進歩のスピードアップ、低成長…日本が抱える様々な難問に挑戦する、そんな人材を育む教育を実践できたら——2018年問題も乗り越えられるのではないだろうか。

（2014年 10月24日『幻冬舎 plus』）

単語

一等地（いっとうち）	【名】黄金地段
垂涎の的（すいえんのまと）	【连语】垂涎的目标
角地（かどち）	【名】拐角地段
成り行き（なりゆき）	【名】（事物发展的）趋势，演变，结局
君臨（くんりん）	【自サ・名】君临，统治；称雄，称霸
栄華（えいか）	【名】荣华，繁华；豪华，奢侈
とば口（とばぐち）	【名】入口，门口；（转义）事物的开始
売り物（うりもの）	【名】商品；招牌，卖点；特长
存立（そんりつ）	【自サ・名】存在
さらす（晒す）	【他五】暴晒；暴露；漂白；置身于
待ち構える（まちかまえる）	【他一】等候，等待；期待，盼望
寡占（かせん）	【名】寡头垄断
あの手この手（あのてこのて）	【连语】各种手段，各种方法
枚挙（まいきょ）	【他サ・名】枚举，一一列举
行き交う（ゆきかう）	【自五】来往，错过（未能相遇）；过去
スポット（spot）	【名】点，斑点；场所；娱乐场所
キャンパス（campus）	【名】（大学）校园，校区
サマースクール（summer school）	【名】暑期补习班，暑期讲座
淘汰（とうた）	【他サ・名】淘汰；分拣取舍

煉獄(れんごく)　　　　　　　　　　　【名】炼狱

注　釈

① 奥州·平泉

今日本岩手县平原町。奥州市为日本东北地方中部、岩手县西南部、胆泽平原的城市。为岩手县内人口第二多的主要都市。平泉在岩手县的南部、是西磐井郡唯一的町。

②代々木ゼミナール

代代木讲座,本部设在东京涉谷区,在全国范围内有28家校区(其中3家为美术专科学校)。曾经和河合塾、骏台预备学校并称为日本三大预备学校。

③奥州藤原氏

奥州藤原氏是从前九年之役•后三年之役结束后宽治元年(1087年)至被源赖朝灭亡的文治5年(1189年)期间,以陆奥(后陆中国)平泉为中心,势力扩张至东北地区的豪族。据称为镇压天庆之乱藤原秀乡的子孙。

④東進ハイスクール

东进高校为永濑株式会社经营的高考预备学校,本部设在东京武藏野市吉祥寺。以关东地区为中心,拥有92家校区。算上连锁的东进卫星预备学校,在日本全国约有800家校区。

⑤研数学館

研数学馆,支持理科研究和教育的一般财团法人,本部设在东京千代田区。经营主体为财团法人研数学馆。在2000年3月前曾在东京、千叶县和埼玉县经营高考预备学校,后废校。

⑥ナガセ

永濑株式会社,成立于1976年5月,经营东进高校、东进卫星预备学校等,提供各类教育信息及培训服务。

⑦ベネッセホールディングス

倍乐生控股公司，成立于1955年1月，本部设在冈山市。其旗下集团公司主要经营通信教育、模拟考试、学生个别指导教育等与教育服务业相关的各个领域。

⑧東京スカイツリータウン

东京天空树城区，以高达634米的东京天空树为中心的大型综合商区，2012年5月开始营业。包括拥有300多家以上的商店、餐饮店的商业设施“东京天空城”、水族馆、星象馆、博物馆等各类娱乐场所。

⑨東京ソラマチ

东京天空城，东武城市天空城株式会社在东京墨田区运营的商业设施，2012年5月正式开业。拥有300多家商店、餐饮店，是东京天空树周边的主要商区之一。

⑩青田買い

企业为确保优秀人才，在招聘新职员前，提前与应届生签订内定合同。

思考問題

1. 数多くの予備校の閉校する原因をまとめて述べなさい。
2. 「大学は今、あの手この手で生き残りを模索している」とあるが、具体的に言えば何をしているのか。例を挙げて説明しなさい。

第27課　首都圏からも消えていく路線バス

コミュニティー崩壊を食い止められるか

僕は路線バスに乗るのがけっこう好きで、時間にかなり余裕がある時にはJRや地下鉄を使わず、都営バスを利用して仕事先へと移動したりする場合もある。昼間の車内はお年寄りや買い物客、高校生など地域の人たちが中心で、スーツ姿の目立つ地下鉄にはない独特の生活感が気持ちを和ませてくれる。

その路線バスが今、過疎が進む地方の市町村のみならず、東京を中心とする首都圏でも廃止あるいは運行本数を減らす減便に見舞われている。地域住民の減少や高齢化で利用者が減り、採算の取れない路線が増えているのだ。

言うまでもなく路線バスは地域の足を支える重要な公共交通機関だ。とりわけ車を運転できない高齢者にとってはなくてはならない存在だと言っていい。それが消滅してしまったら移動手段を奪われた住民は不便を強いられかねない。高齢者の多い地域では最悪の場合、コミュニティーが成り立たなくなる恐れさえある。

路線バスが消えつつある町では今、何が起きているのか。この流れを食い止める手段はないのだろうか——。

「東京都内だというのに…」東青梅駅(東京都青梅市)北口のバス停で僕は思わずつぶやいた。JR青梅駅やここ東青梅駅を通り、青梅市北西部の北小曽木や上成木を循環する「梅76」系統の時刻表を見ての感想だ。平日は午前6時台、8時台、11時台にそれぞれ1本ずつ出た後は18時51分まで1本もない。最終は20時45分発の青梅車庫行きだ。土曜と日曜・祝日の時刻表もほとんど変わらない。

今年度のダイヤ改正で、都営バス「梅76」系統が1日8便から減便されたのだ。東青梅駅は1日の乗車客が7,000人近くに達するそれなりの規模の駅で、駅前には大きなマンションも目立つが、北西部の北小曽木などには鉄道路線は通っておらず、地域住民にとっては生活に大きな影響を与える決定だ。10月3日付の日本経済新聞（埼玉版）では、「午前中は駅に近いスーパーで働いているが、帰宅するために夕方まで時間を潰さなければいけなくなった」と不便を訴える60歳の女性のコメントを紹介している。

減便は「梅76」系統だけではない。都営バスは昨年10月、大泉学園駅から練馬駅を経由し、新江古田駅に至る「新江62」系統を廃止した。練馬区内の住宅地を走る路線として沿線の人たちに利用されていた路線だった。

減便は都営バスだけではない。小田急バスも今年度、新宿駅西ー武蔵境駅南口間の18.56kmを結ぶ「宿44系統」を1日8往復から2往復に減便した。吉祥寺営業所行きを含めても1日4往復だ。吉祥寺や下連雀を通る路線で、利用していた知人は「けっこう便利に使っていたのだけれど…」と残念そうに言う。

東京以外の首都圏でも路線バスは減りつつある。千葉中央バスは今年9月、千葉市の団地から千葉大学医学部附属病院を結ぶ路線を廃止した。病院への足として住民の要望から生まれた路線だったが、路線を維持するための利用者数を確保できず今回の決定となったのだ。

バス会社にとって減便や路線廃止は重い決定だ。運行する路線バスが地域にとってどれほど大事かはもちろん重々承知しているが、企業として採算の取れない路線をいつまでも続けてはいられないのもまた現実だろう。

不採算の路線は地元自治体の財政にも負担となる。10月3日付の日経新聞によれば、青梅市内を走るバス路線を維持するため年間1億4,000万円を負担しているという。通勤客、通学客の減少で赤字が膨らみ、今年度ついに減便に踏み切ったのだ。青梅市は東京都にあるものの高齢化などによってすでに人口が減少に転じており、厚生労働省の国立社会保障・人口問題研究所によれば、2010年に13万9,000人だった人口は10万4,000人に減少すると推計されている。このままだといっそうの減便、路線廃止の懸念を拭えない。

青梅市だけではない。国土交通省によれば東京、神奈川、千葉、埼玉の1都3県の路線バスの廃止路線距離はこの5年間で440キロに達したという。高齢化、人口減が進むと減便や路線廃止がさらに加速されかねない。路線バスや鉄道などの公共交通は他のサービスと異なり、代替手段をすぐに確保するのは困難な場合が多いので、最悪の場合、住民の不便が募っていっそうの人口流出を招き、コミュニティーが成り立たなくなってしまう。どうすればいいのだろうか。

多くの業界・自治体関係者から注目を集めるイーグルバスの取り組みは高齢化、人口減を生き抜くヒントを示している。

埼玉県川越市に本社を置くイーグルバスは1995年に市内の観光名所を巡回する小江戸巡回バスの運行を始めた。2003年に路線バスに参入し、2006年以降、大手バス会社が撤退した埼玉県日高市やときがわ町、東秩父村などの路線を引き継いで黒字化し、事業を拡大してきた。

その原動力は「地域住民にとって徹底的に利便性の高いバス」を目指した改革だ。

例えば「時間通りに来るバス」の実現である。沿線の利用者にアンケートを取るなどして地元のニーズを汲み上げたところ、「時間通りに来ない」のがバスを敬遠する最大の理由だと分かった同社は、ダイヤを組み替えたり、渋滞情報を分析したりして最適なルートを割り出し、遅れを防ぐ対策を講じた。

さらにバス停自体の場所も乗客のニーズを踏まえて変更した。バス停の中にはバスが走るようになって長い時間が経ち、周辺の環境が大きく変わったのにもかかわらず相変わらず同じ場所にぽつんと置かれているものが少なくない。イーグルバスは日々の乗降データを収集・分析し、実際の利用状況をもとに最適なバス停の設置場所を探し出したのだ。

しかも、その場合でもキメ細かな対応を欠かさない。オープンしたレジャー施設の近くにバス停を設置したところ、運行ルートが変わり、乗降するバス停によっては所要時間が増えてしまう乗客が生まれた。そこで朝の時間帯には利用がないバス停を割り出し、そこを通過する急行便を投入して運行時間の短縮を実現したという。

「利用者のニーズに合致すれば、バスの利用者は増える」これがイーグルバスの信念だと言っていい。

イーグルバスの取り組みは高齢化・人口減の逆風にあっても路線バスが地域の足として存在し得る可能性を示している。逆に言えば、少なからぬ路線バスにはまだまだ利用者のニーズを掘り起こせる余地があるのではないか。

そしてもしうまくニーズを取り込めれば、高齢化の進展で車を運転しない人が増えるかもしれない将来に向けて路線バスの重要性はいっそう高まる可能性がある。

路線バスが生き残れるかどうか。

それは高齢化・人口減の進展によって揺らぎ始めた社会システムを崩壊させないための試金石だと言えるかもしれない。

（2014年10月24日『幻冬舎 plus 』）

単　語

路線バス（ろせんバス）　【名】公共汽车

コミュニティ（community）　【名】社区

食い止める（くいとめる）　【他一】制止，阻遏

和む（なごむ）　【自五】缓和，平静

強いる（しいる）　【他一】逼，强迫

コメント（comment）　【名】评论，评价

重々（じゅうじゅう）　【副・名・形动】多次重复

踏み切る（ふみきる）　【他五】下定决心，果断行事，毅然决然

拭う（ぬぐう）　【他五】擦拭；洗清，洗刷

募る（つのる）　【自他五】招募，募集；激化

生き抜く（いきぬく）　【自五】渡过难关，不泄气地做到底

ヒント（hint）　【名】启发，启示

ニーズ（needs）　【名】需要，需求

汲み上げる（くみあげる）　【他一】汲起（水）；听取，采纳

割り出す（わりだす）　【他五】推断，推定；（用除法）算出

ぽつんと（同ぽつりと）　【副】孤零零，孤单

合致（がっち）　【自サ・名】合乎，符合，吻合

逆風（ぎゃくふう）　【名】逆风，顶风

試金石（しきんせき）　【名】试金石

注　釈

① イーグルバス

“EAGLE BUS CO.，LTD.”，巴士公司，成立于1980年4月，本部设在埼玉县川越市。以川越市和东松山市周边等埼玉县南西部地区为中心，为企业和学校

提供班车及校车服务、观光巴士服务。2003年起加入公共交通事业。

思考問題

1. 筆者は路線バスに乗るのがけっこう好きだと言っているが、その理由は何か。
2. バス会社が減便する理由は何か。
3. バス会社がイーグルバスに取り組む原動力は何か。
4. イーグルバスと従来の路線バスとの違いについてまとめてみなさい。

第28課　赤い東京駅を守ったバレンタイン作戦　愛されて100年

20日に開業から100年となったＪＲ東京駅(東京都千代田区)。丸の内駅舎は2年前、1914(大正3)年の開業時の姿に復元され、この日を迎えた。高層化の波にのみ込まれず、優美な姿を保った首都の玄関口。その成熟した趣が、人々を魅了している。

東京駅100周年

2003年に国の重要文化財に指定された丸の内駅舎だが、再開発で取り壊される危機もあった。復元と保存を後押ししたのは「赤レンガの東京駅を愛する市民の会」だ。今年10月、27年の活動に幕を閉じた。

周辺の再開発に合わせ、東京駅の高層ビル化が浮上したのは87年4月。市民の会の事務局役を長く務めた多児貞子さん(68)＝東京都豊島区＝は当時、丸の内駅舎の目の前のビルで働いていた。夕方、西日を浴びて駅舎がピンク色に輝く時間が好きだった。「ガラス張りの四角いビルは、どうしても嫌でした」。

知り合いの主婦らと連絡を取り合い、ＪＲ東日本へ復元と保存の要望書を提出。「取り壊しの話は以前もあった。保存するには建設当初の姿に戻し、歴史的価値を高めることが必要と考えました」。同年12月に市民の会を設立。88年5月までに、全国約10万人の署名を衆参両院に提出した。

保存にはコストや技術の面から、ＪＲ東でも意見が割れていた。会員は幹部を何度も訪ねて訴えた。

当時の設備課長で、現在はＪＲ東の子会社であるビューカード会長の叶篤彦さん(68)は「ハードルの高さは知っていたので複雑な気分だった。でも、駅を愛してくれる思いがうれしかった」、当時の東京駅長・木下秀彰さん(81)も「どれだけ復元への支えになったか」と振り返る。

動きは乏しく、90年2月14日、会員らはバレンタインのチョコレートを木下さんや後に社長になる松田昌士常務(当時)らに贈った。訪問の口実づくりだったが、チョコは毎年恒例となった。99年10月、都とJRが復元、保存に合意。総事業費約500億円に「すごいバレンタインのお返しだね」と会員らは喜んだ。

多児さんは今、駅舎にカメラを向ける観光客をみるたび、うれしくなる。「この姿を残せてよかった。肩の荷がおりました」。

明治以降の鉄道の発展に伴い、郊外と都心を結ぶ各鉄道のターミナル駅を集約したのが東京駅だ。場所はすでにあった新橋、上野の両停車場の間だった。

駅舎は当初、お雇い外国人のドイツ人技師フランツ・バルツァー(1857～1927)がデザイン。瓦(かわら)を使った和風建築を、鉄道作業局は採用しなかった。鉄道博物館(さいたま市)の奥原哲志(おくはらてつし)・学芸員は「西洋文化に近づこうとしていた当時の日本人には、受け入れがたいデザインだった」。後任は日本銀行本店も手がけた建築家の辰野金吾(たつのきんご)(1854～1919)。赤れんがと白い花崗岩(かこうがん)で、西洋風に仕上げた。

関東大震災(1923年)は持ちこたえたが、米軍の空襲(くうしゅう)で45年、丸の内駅舎は屋根や内装を焼失(しょうしつ)した。東京大の松丸道雄(まつまるみちお)・名誉教授(80)＝中国古代史＝は数少ない生き証人だ。戦争で東京から静岡へ疎開(そかい)したが米軍機が飛来(ひらい)し始め、45年6月に埼玉へ再疎開。乗り換えで、破壊された東京駅に降り立った。

滞在時間は30分だけ。母親と伯父が迎えてくれ、「ホームで地べたにすわり、白米(はくまい)のにぎりめしにかぶりついた」。終戦後、駅に行くと、丸の内駅舎の屋根は焼け落ち、日が差し込んでいた。雨の日は、駅の中を傘をさして歩いた。

戦後は少なくとも2度、高層化計画が持ち上がった。最初は58年。当時の十河信二(そごうしんじ)・国鉄総裁(そうさい)の指示で描かれた、近代的なビルの図案(ずあん)が残る。そして87年の計画も実現しなかった。丸の内駅舎は戦後の応急処置(おうきゅうしょち)で、3階建てが2階建てに、南北のドーム屋根も八角形に変わっていたが、5年半の工事を経て、2012年10月に復元された。

松丸教授は昔に戻った駅舎を見て、違和感を覚えた。「空襲で焼け落ちる前の屋根は、一部が鮮やかな緑色だったはずだが」。工事後の銅板(どうばん)は真新しく、「暗い赤」だった。時が経てば、酸化(さんか)で緑色に変色する。「いつかこの赤も緑色になるのでしょうね。その時、懐かしむ人はいないでしょうけれ

ど」。(中野寛)

(2014年12月21日朝日新聞)

単 語

駅舎(えきしゃ)	【名】火车站;火车站的建筑物
趣(おもむき)	【名】情趣,风趣;情形,感觉
魅了(みりょう)	【他サ·名】使人入迷,夺人魂魄
ターミナル(terminal)	【名】终点站,始发站
手がける(てがける)	【他一】照顾;亲自动手做
持ちこたえる(もちこたえる)	【他一】维持,坚持;支撑住
焼失(しょうしつ)	【自他サ·名】烧掉,烧毁
地べた(じべた)	【名】地面
かぶりつく(齧り付く)	【自五】紧紧咬住(对方、食物等)
ドーム(dome)	【名】圆顶,半圆顶屋顶;山包
銅板(どうはん)	【名】铜版
真新しい(まあたらしい)	【形】崭新的,全新的
酸化(さんか)	【名·自他サ】氧化
懐かしむ(なつかしむ)	【他五】思念,怀念;眷恋

注 釈

①バレンタイン作戦

情人节大作战。文中特指为丸之内车站的复原工程所做的活动。

②ビューカード

株式会社 Viewcard,为东日本旅客铁道株式会社(JR 东日本)的子公司。成立于1992年10月,于1993年2月起开始发行信用卡"Viewcard"。

③フランツ·バルツァー

Franz Baltzer(1857年5月29日－1927年9月13日),德国铁路工程师、建筑工程师。明治时期受雇于日本,负责铁路建设技术指导。其间设计了日本东京站及连接各站的高架线路,是东京铁路网的奠基人之一。

思考問題

1.「バレンタイン作戦」とはどういう意味か。それについて説明しなさい。

2. 丸の内駅舎の保存と復元に「市民の会」はずいぶん努力したが、具体的にどんなことをしたか。それについてまとめてみなさい。

第29課　就職留年でも第一志望に内定
インド留学で自分磨き

就職浪人時代にインド留学をし、第一志望に内定を得た大学生がいる。海外に飛び出ることで、「客観視」「コミュニケーション力」「志望動機」の3点が大きく培われた。3人の大学生に話を聞いた。

北海道大学法学部4年の阿部雄介さんは、大学3年の12月に就職活動を始めた。21社を受けたが、内定はどこも取れなかった。所属するソフトボール部で全国大会に出ており、学生生活最後の大会に全力を尽くしかったので、就職留年を希望した。

阿部さんは大学を1年間休学し、2ヵ月のフィリピン留学、3ヵ月半のインド留学を経験した。留学を終えて、就職活動をし、商船三井に内定を得ることができた。

就職留年中に企業研究ではなく、海外留学を選んだ背景には、今まで経験がない新興国での生活を通して、タフさや新しい考えが得られるとの思いがあった。

留学先では、語学学校に通いながら、インターンにも取り組んだ。夜には、日本人駐在員が主催するパーティーや現地のイベントに参加し、多くの人と交流した。デング熱にかかるなど苦しんだこともあったが、帰国直前にインドの砂漠をラクダに乗り、野宿しながら歩くという体験もした。

留学で学んだことは、「コミュニケーション力」と話す。「留学中初対面の人と話す機会が多かったので、話題の作り方、盛り上げ方などを学んだ。面接で話すネタという点では、留学中に多くの経験をしたので困らなかった」。

インターンしたことも役に立った。「自分の将来の軸となるものを得ることができた。就活において選考を受ける企業選び、そして最終的な企業選択の際に大いに役に立った」。

愛知学院大学法学部4年の安藤雅士さんは、大学3年から就職活動を始めた。15社ほど受け、2社から内定をもらっていたが、納得することができなかったという理由で、就職留年をした。

1年間休学し、5ヵ月間インドに留学した。高校生の時に家庭教師としてお世話になった先生がインドで語学学校を起業していて、誘われる形でインドに行くことを決意した。

インドでは、毎週土曜日に、日本人学校の体育館で日本人の駐在員とバスケットボールをして汗を流した。バスケ後は近隣のデパートやオールドデリーに行き、楽しんだ。日曜日には日帰りで旅行にも行き、タージマハルや風の宮殿(きゅうでん)などの世界遺産を巡った。

安藤さんは、英語を話すことができずに、オートリキシャ(インドの3輪のタクシー)に乗れなかったり、ファストフード店で注文ができなかったという苦い経験もした。しかし、旅の終わりには、一人で飛行機に乗り、ホテルを探し、現地のインド人に世界遺産の場所を尋ね、値切(ねぎ)る交渉までもできるくらい頼もしくなっていた。

さまざまな体験をして、面接時のネタも豊富になり、テンポ良く話せたという。就職活動では、エン・ジャパンの内定をもらった。現在、名古屋の内定者10数人の研修リーダーとして取り組んでいる。

神戸大学経営学部4年の岩木優佳(いわきゆうか)さんは、3年時に就職活動を始めた。42社を受け、1社から内定をもらったが、意図がなく大量採用する企業の姿勢に共感を感じることができず、就職留年を決意した。

半年間休学し、3ヵ月半インドに語学留学した。帰国後に就職活動がうまくいくのか、不安もあったが、インドへ自分1人の力で行ってみたいという強い思いから、旅立(たびだ)った。

平日は日本人が経営する語学留学学校でインターンをし、休日は友達と観光や買い物を楽しんだ。異国の地でのインターンで、「相手の考えを確認するようになった」と話す。

「就職活動のグループワークでは『前提を共有しましょう』とよく言われる。しかし、以前はそのことを理解できなかった。考え方の異なる人と過ごすことの多い留学時に、自分の前提と相手の前提は大きく違うことに気がつけた」。(岩木さん)

この結果、以前はなかなか突破(とっぱ)できなかったグループワークを85%の確率で突破できるようになったという。岩木さんは、第一志望のコマツから内定をもらった。

(2014年10月21日『現代ビジネス』)

単語

培う（つちかう）	【自他五】栽培，培育；养成，培养
タフ（tough）	【形动】顽强，坚忍不拔
デング熱（dengue～）	【名】登革热
ネタ	【名】（报道等的）材料；证据
オートリキシャ（オート力車）	【名】电动车
値切る（ねぎる）	【他五】压价，还价
頼もしい（たのもしい）	【形】可靠的，靠得住的，可指望的
テンポ（tempo）	【名】（发展的）速度；节奏
グループワーク（group work）	【名】小组讨论，小组作业
ヒンディー語（Hindi～）	【名】印地语

注釈

①オールドデリー

旧德里。印度前首都德里分为旧德里和新德里两部分，新德里位于南部，与旧城隔着一道德里门。旧德里街道狭窄，二三层高的残旧建筑、牛车、单车、电车充斥在横街窄巷里。相反，新德里街道宽阔，翠绿的树间有着清洁的街道，是印度整个国家的经济行政中心。

②タージマハル

泰姬陵，为白色大理石建成的巨大陵墓清真寺。是莫卧儿皇帝沙贾汗为纪念他心爱的妃子，于1631年至1648年在阿格拉而建的。印度知名度最高的古迹之一。

③コマツ

小松制作所，为日本重化工业产品制造公司，成立于1917年，总部设于日本东京。该公司在日本重化工业器材制造公司中排名第一，世界排名第二。

思考問題

1. 就職留年とは何か。その意味を説明しなさい。
2. 文中の大学生はどうして海外に飛び出るのか。その理由を述べなさい。
3. 安藤雅士さんのインドでの生活についてまとめてみなさい。

第30課　〈日本の実力〉大学生は世界でどのレベルか

◇世界大学ランキング100位以内は東大と京大のみ

国境（こっきょう）を超えた人材の争奪戦（そうだつせん）に大きな影響を与えているのが、大学の国際ランキングだ。英国の大学教育雑誌「タイムズ・ハイヤー・エデュケーション」(以下、THE)が米情報会社トムソン・ロイターと共同で毎年発表しているランキング(別表（べつひょう）参照)では、1位の米カリフォルニア工科大以下、英米の大学がベスト10を占め、日本の大学でベスト100にランクインしたのは、東大(23位)と京大(52位)の2校にとどまっている。その東大も、アジアではいまのところ1位だが、近年はシンガポールや香港の大学が急速に順位（じゅんい）を上げてきている。

安倍内閣が、2013年6月に策定した「日本再興戦略」のなかで、今後10年間で世界トップ100大学に日本の大学を10校以上入れるという目標を掲（かか）げたのは、こうした現状を踏まえたものだ。文部科学省は「スーパーグローバル大学創成（そうせい）支援」を打ち出し、世界大学ランキング100位以内を目指す「トップ型」10校、社会のグローバル化を牽引（けんいん）する「グローバル化牽引型」を20校それぞれ公募（こうぼ）、審査に通った大学はトップ型で5億円、グローバル化牽引型で2億～3億円の補助金が最大10年間交付される。

THEランキングのトップ3大学と東大を評価指標ごとに比較すると、教育面ではカリフォルニア工科大の94.4、ハーバード大の95.3、オックスフォード大の89.0に対し東大は84.7と、大差（たいさ）をつけられているわけではないが、国際性においてはカリフォルニア工科大65.8、ハーバード大66.2、オックスフォード大90.2に対して東大は29.6と圧倒（あっとう）的に低い。また論文引用（いんよう）件数もトップ3が95を超えているのに東大は69.8にとどまる。

グローバル化の時代では、アカデミズムもビジネス界も英語が事実上の共通語となっているため、英語を母語とする英米の大学がランキングで有利になる傾向があるのは否（いな）めない。「国際性や論文引用件数を高められるかどうかでベスト100に10校入れるかどうかが決まる。評価基準に合わせた戦略が必要」(下村博文文科相、「中央公論」2014年2月号)として、「スーパーグローバル大学」の審査基準も、教員と学生の外国人比率、日本人学生の海外留学経験者の割合、外国語による授業科目や外国語のみで卒業できるコースの割合など、英米の評価基準に合わせたものになっている。

◇日本の大学が国際化できないわけ

留学生の数を増やせば大学の国際性が評価され、ランキングの点数が上がる。近年、シンガポールや香港の大学が世界ランキングの順位を急上昇させているのは、英語が公用語である環境を活かして、外国から留学生や研究者を呼び込んでいるからにほかならない。新興国ばかりではない。オランダでは英語の授業だけで大学院の学位を取れるコースが多く用意されており、ミッテランやシラク、オランドらフランスの歴代大統領を輩出したパリ政治学院も、英語だけで学位を取ることができる。

日本の大学も同様の取り組みをおこなっている。文科省の「国際化拠点整備事業」(グローバル30)に参加している13の大学では、英語のみの外国人向けコースが設置されている。東大も2012年10月から教養学部で「PEAK」と呼ばれる外国人向け特別プログラムをスタートさせ、留学生を集めるために約30カ国を訪問、約10カ国で面接を実施した。

東大は、英語と並んで留学生の受け入れ・送り出しの「壁」となっている入学時期について、秋入学への全面移行を2012年1月に発表、濱田純一総長は「大学が変わることで社会を変える条件を作りたい」と意気込みを語った。これに対し、各地の国立大からも同調の声が上がり、経済界も「入学前の半年間に、留学やボランティア活動で力をつけられる。海外からの留学生も増えるだろう」(米倉弘昌・経団連会長＝当時)と歓迎する意向を示した。

ところが、企業が4月の一括採用を簡単には変えられない、弁護士や医師の国家試験も4月入学を前提にしている、などの理由で、結局、秋入学は見送られ、その代わりに導入が決まったのが4学期制である。(1)新入生に対し、最初の学期にグローバル化へ対応した導入教育をおこなう。(2)学期の合間の6月から8月までの3カ月間に、海外の大学でおこなわれるサマースクールに短期留学できる。(3)教員も国際学会などが集中する夏に、授業に縛られずに海外出張できる。(4)学期の切れ目となる秋に海外からの留学生を呼び込むことができる——などの利点があるというのが4学期制導入の理由である。

◇日本の大学生はなぜ勉強しないか

グローバル人材が評価されるようになったということは、日本の大学生が海外の大学生と職を奪い合う時代に入ったことを意味する。すでに2013年の新卒採用では、パナソニックが国内350人に対して海外1100人、「ユニクロ」を展開するファーストリテイリングが国内500人に対して海外950人と、世界展開している企業では海外での採用数が上回っている。また、採用コンサルティング会社・ディスコのアンケートによると、2014年度に日本に留学中の外国人を本社で「採用する」と答えた日本企業の割合は48.4%に達し、従業員数1000人以上に限れば、69.0%の会社が外国人留学生を本社採用する見通しだ。

日本企業が外国人を新卒採用する理由として、彼らが語学に長けていること以上に、単純に比較しても海外の大学生のほうが優秀であることが大きいという。日本の大学は昔から「入るのは難しいが出るのは易しい」といわれてきた。事実、大学経営・政策研究センターが2007年に実施した「全国大学生調査」によれば、勉強時間が1週間に10時間以下の学生が85%、まったく勉強しない学生が10%近くもいた。それに比べ、全米大学生調査(NSSE)によると米国の大学生でまったく勉強しない人は皆無といってよく、6割以上が週11時間以上勉強する。18歳から22歳までの4年間をこうした学習態度で過ごせば、能力に著しい差がついて不思議はない。

大学生が勉強しない状況が、なぜ長年放置されてきたのか。大学教育や就職活動の問題に詳しいNPO法人DSS代表の辻太一朗氏は、その理由を次のように分析する。

これまで、大学教育の問題点を指摘する際は、(1)「ゆとり世代でやる気がない」「大学進学率が高すぎて全体のレベルが落ちている」など、大学生を悪者にする。(2)「世間知らずの大学教員が、レジュメを読み上げるだけの授業をしている」というように大学を悪者にする。(3)「就職活動の早期化が学業を妨げる」というように企業を悪者にする——の三つのパターンがあった。しかし、辻氏によれば、問題は学生・大学・企業の三者が互いに影響を与え合う「構造」そのものにあるという。つまり、

1　企業としては、大学の成績は当てにならないので採用の参考にし

ない。

2　学生は、真面目に勉強しても得にならないので、単位が取りやすい授業を選択する。

3　教員は、真剣に教育に取り組むほど学生が離れていく。それなら簡単に単位を与えて、自分の研究に力を入れたほうが、メリットがあるし、楽である。

4　簡単に単位をくれる授業も多く、卒業だけなら簡単にできるので、学生は勉強しない。

1に戻るという、負のスパイラルが完成しているというのだ(『なぜ日本の大学生は世界でいちばん勉強しないのか?』東洋経済新報社)。これにひきかえ、米国では、大学における平均点を企業が採用試験の事前選抜(せんばつ)に使うことが多く、学生は勉強を頑張ることに現実的なメリットを見出(みいだ)す。実際、日本企業も海外で大学生を採用する際には、大学での成績を参考にしているという。

(2014年 8月22日『日本の論点』一部分删除)

単語

ランキング(ranking)	【名】排名，排序，成绩名次
ベスト(best)	【名】最好，最优；全力
ランクイン(rank in)	【名】进入排行榜
踏まえる(ふまえる)	【他一】作为根据(立足点)
公募(こうぼ)	【他サ·名】公开招募，公开征集
アカデミズム(acacemism)	【名】学究主义，空谈；(文中)学术界
否めない(いなめない)	【连语】无可否认的
見送る(みおくる)	【他五】观望，搁置；送行
切れ目(きれめ)	【名】断处，裂缝；断绝之时
長ける(たける)	【自一】擅长，长于；正盛，正浓
ゆとり世代(ゆとりせだい)	【名】1985年以后出生，义务教育阶段接受过减负教育的一代人
レジュメ	【名】梗概，大意，摘要，要点
パターン(pattern)	【名】模式；式样，花样
得になる(とくになる)	【连语】有利，划算

スパイラル(spiral)　　【名】螺旋形曲线，螺旋上升

注 释

①タイムズ·ハイヤー·エデュケーション

《泰晤士高等教育》(英文全称：Times Higher Education)，原名《泰晤士高等教育增刊》，是一份英国出版的高等教育报刊。该刊物1971年以前属于英国《泰晤士报》的一部分。

②トムソン·ロイター

汤森路透(Thomson Reuters)成立于2008年4月17日，是由加拿大汤姆森公司(The Thomson Corporation)与英国路透集团(Reuters Group PLC)合并组成的商务和专业智能信息提供商。主要为专业企业、金融机构和消费者提供财经信息服务。

③ミッテラン

弗朗索瓦·密特朗(1916—1996)。法兰西第五共和国总统(1981—1995)。1981年以患癌症之身击败在职的法国总统德斯坦，成为法国第一个社会党人总统。

④シラク

雅克·希拉克，法国政治家，前总统、总理，1932年11月出生于法国巴黎。于1995年5月第一次当选为法兰西第五共和国的第五任总统。又在2002年5月，以绝对优势击败极右翼领导人让·玛丽·勒庞连任。

⑤オランド

弗朗索瓦·奥朗德，法国左翼政治家，1954年8月出生于鲁昂，现任法国总统兼安道尔大公。2012年4月22日，奥朗德击败萨科齐，当选为法国新一任总统。

⑥ディスコ

株式会社 DISCO(DISCO Inc.)成立于1973年，日本咨询公司。为企业人才雇用、宣讲会及高等教育机关招生等提供咨询服务。

⑦DSS

DSS,日本一家以促进大学教育大学生就业实力为宗旨的非营利机构。就大学授课内容及成绩评估系统做调研并公开结果,向企业提供相关咨询服务。

思考問題

1. 世界トップ100大学に日本の大学を10校以上入れるという目標を実現させるために、安倍内閣はどんな戦略を打ち出したか。簡潔にまとめてみなさい。
2. 日本の大学が秋入学の制度を実施できない原因について述べなさい。
3. 日本の大学生が勉強しない背景について述べなさい。

第31課　他人を暴力で支配する人·される人

被虐待児が長じて加害者になることがあるのはなぜ?

福岡県筑後市のリサイクル店を舞台にした殺人·死体遺棄事件が不気味な広がりをみせている。尼崎連続変死事件のときもそうだったが、こういう事件が起こるたびに、「人間は人間にとって狼である」という古代ローマの詩人の言葉を思い出す。

なぜ、人は暴力によって他人を支配しようとするのか。そして、被害者がそこから逃げられなくなるのは一体なぜなのか。

暴力で他人を支配しようとするのは、もちろん攻撃衝動が強いからである。それが生まれつきの素質によるのか、生育歴によるのかは精神科医や心理学者の間でも意見が分かれるが、いずれにせよ、世の中には攻撃衝動がとくに強い人間が存在するという厳然たる事実は否定しがたい。

攻撃衝動の強い人間が他人を暴力で支配するようになる過程で見逃せないのが、「攻撃者との同一化」である。これは、自分が傷つけられたり支配されたりして感じた不安や恐怖を、自分が受けたのと同じ仕打ちをより弱い対象に加えることによって克服しようとするメカニズムであり、フロイトの娘アンナ·フロイトが見出した。

虐待を受けた子供が大人になってから虐待やDVの加害者になるのはよくあることだが、これは、自分に暴力を振るった攻撃者を模倣することによって、恐怖を与えられる者から恐怖を与える者に変貌しようとしているのである。

そうすることによってしか無力感や絶望感を克服できないほど深刻な外傷体感だったからであり、いじめられっ子が、より弱い者をいじめて、いじめっ子になっていくのも同じ理由による。つまり、恐怖こそが暴力による支配の原動力になるわけである。

「逃げても無駄」の気持ちは何から生まれるか

被害者が暴力による支配から逃げられなくなるのも恐怖のせいである。

尼崎連続変死事件では、遺体で見つかった被害者が、逃げ出しても、すぐに連れ戻されていた実態が明らかになっている。逃走を図った者に容赦ない制裁を加えることによって、逃亡者自身だけでなく他の同居人にも、「逃げても無駄」という無力感と絶望感、そして何よりも強い恐怖を植え付けたはずである。このように恐怖で周囲を支配したからこそ、主犯格の女性は「君主」として君臨することができたのだろう。

「恐怖でつながれている場合は、復讐が怖ろしく、(絆を)容易には断ち切れない」と『君主論』の著者マキャベリが述べているように、被害者は復讐への恐怖によって身動きがとれなくなる。

復讐への恐怖は、身体への暴力だけでなく、言葉の暴力によってもかき立てられる。「この先どこに行っても生きてゆけないようにしてやる」とか「いろんな知り合いがいるので、おまえを潰すのなんか簡単」という脅し文句を聞くと、「蛇に睨まれた蛙」になってしまうだろう。

だが、暴力で他人を支配しようとする攻撃者も恐怖を抱いていることを忘れてはならない。逃げられたら困るからこそ、脅すのである。「幽霊の正体見たり枯れ尾花」ということわざもあるように、怖ろしいと怯えていたものでも、その正体を知ると大したことはなかったということが少なくない。

判断を鈍らせる元凶である恐怖の呪縛から解き放たれるためにも、まず攻撃者をじっくり観察して、その正体を見破ることが必要なのではないだろうか。

筑後市リサイクル店殺人·死体遺棄事件

2014年6月、福岡県筑後市でリサイクル店を経営していた中尾伸也(47)·知佐(45)夫婦が、元従業員を殺害した容疑で逮捕·起訴された事件。すでに元従業員3人の骨の一部が見つかっており、そのうちの一人は主犯とみられる知佐被告の妹の夫で、行方不明になっているその長男も殺されたと見られている。店主夫婦は彼らを暴力で服従させ、互いに殴らせることもあった。夫に対する傷害致死で逮捕された知佐被告の妹は、「姉夫婦に洗脳されていった」として、夫に暴力を振るったことを認めている。店は多重債務者らが送り込まれる場所だったという説もある。

尼崎連続変死事件

2011年11月、兵庫県尼崎市で貸し倉庫のドラム缶からコンクリート詰めされた大江和子さんの遺体が発見されたのをきっかけにして明るみに出た、角田美代子元被告(63)を中心とする大規模な殺人·死体遺棄事件。兵庫·香川·沖縄の各県警からなる合同捜査本部が設けられ、延べ8万人の捜査員が投じられた。犠牲者8人の事件が立件され、そのうち6件について、角田元被告の親族や被害者の親族など10人が殺人や傷害致死罪で起訴された(2件については時効などで不起訴)が、2012年12月、角田元被告が拘置所内で自殺したことによって事件の完全な解明は難しくなった。2014年3月、合同捜査本部は捜査が終了したとして解散した。

（2014年9月12日『日本の論点』）

単語

虐待(ぎゃくたい)	【他サ·名】虐待
長じる(ちょうじる)	【自一】擅长,长于;成长,长大;年长
リサイクル(recycle)	【名】再利用,循环利用
不気味(ぶきみ)	【形动】可怕,毛骨悚然
変死(へんし)	【自サ·名】横死,死于非命
厳然(げんぜん)	【形动】俨然;严肃
仕打ち(しうち)	【名】行为,对人的态度;表情
メカニズム(mechanism)	【名】装置,结构;组织,机构
振るう(ふるう)	【自他五】挥动,充分发挥(力量等)
容赦(ようしゃ)	【他サ·名】宽恕;关照,姑息
植え付ける(うえつける)	【他一】移栽,种植;灌输,培植
かき立てる(かきたてる)	【他一】挑起,激发,激起
睨む(にらむ)	【他五】盯上,注意
鈍る(にぶる)	【自五】变钝,变弱
呪縛(じゅばく)	【他サ·名】(用咒语)束缚,剥夺精神自由
洗脳(せんのう)	【他サ·名】洗脑,换脑筋
ドラム缶(～かん)	【名】金属大圆桶

注 釈

①フロイトの娘アンナ·フロイト

安娜·弗洛伊德(1895年12月—1982年10月),西格蒙德·弗洛伊德最小的女儿,1895年12月3日生于奥地利,1938年随其父移居英国,著名的儿童精神分析学家。她进一步继承和发展了其父后期的自我心理学思想,对自我心理学的建立作出了重要的贡献。

②マキャベリ

尼科罗·马基亚维利(Niccolò Machiavelli)(1461—1527年),意大利著名的政治思想家、外交家和历史学家。

思考問題

1. 虐待を受けた子供が大人になって加害者になるのはなぜか。その理由を述べなさい。
2.「幽霊の正体見たり枯れ尾花」ということわざの意味を説明しなさい。

第32課　大災害からいかにして逃れるか

人はなぜ逃げ遅れてしまうのか

危機に際して、人はしばしば逃げ遅れる。逃げる時間が十分あったにもかかわらず、逃げずにいたために犠牲になることは珍しくない。その大きな理由の一つが、人が誰しも持っている「正常性バイアス」の存在である。人は危険を感じると、そのストレスを軽減するため、無意識のうちに、危険を見て見ぬふりをしようとするのだ。「これは異常な状態ではない。正常な範囲の一つだ」と自分を納得させるのである。

東日本大震災の津波の被害に遭った人たちの行動には、そうした点が数多く見られた。

宮城県教職員組合と宮城教育大学非常勤講師の千葉保夫氏が、国や県、市町村教育委員会から資料を集めて、宮城県内の小中学生の死者・行方不明者261人のうち188人の行動を丹念に調査したレポートがある（石巻立大川小学校関係者で犠牲になった73人については、別に検証委員会が立ち上がっていたため除外されている）。

そこで浮き彫りになったのは、約3分の2が津波のための避難を優先せず、別の行動をとっていたことだ。津波が押し寄せたとき、高台に避難するなどの行動をとっていたのは、188人中67人で、全体の36%にすぎなかった。残りは「自宅に向かう途中」だった子が35人、「自宅で待機中」が25人、「自宅の2階などに避難中」が13人。とりわけ残念なのは、いったん避難した後、あるいは避難の途中で、家に戻って被災した子が7人もいたことだ。なかには、避難先の祖父母宅でキャッチボールをしていて、津波の犠牲になった児童もいた。

川治プリンスホテル火災——生死を分けた二つの老人グループ

1980年11月20日午後3時12分ごろ、栃木県塩谷郡藤原町川治（現・日光市）の「川治プリンスホテル雅苑」火災報知機が激しく鳴った。

このとき、ホテルの従業員は状況の確認をせずに「これはテストなのでご安心ください」と館内放送を流してしまった。ちょうどその1時間前に火災報知機のテストが行われていたので、勘違いしてしまったのである。だがこれは本物の火事だった。1階の露天風呂を解体工事している最中、そこで使われていたトーチランプが倒れて引火。作業員が休憩している間に燃え広がったのだ。

季節はちょうど紅葉の真っ盛り。東京から二つの老人クラブの団体が紅葉見物を終えて、宿に着き、くつろいだところだった。

それぞれの部屋に分かれ、お茶を飲んだりしていた老人クラブ「A」53人は、火災報知機の警報をテストだと信じた。「火災報知機が鳴ってるけど大丈夫かな」「大丈夫だよ、テストだって言ってたじゃないか」「でも様子が変だぞ。ほら窓の外で煙が上がってる」「ありゃ焚き火だよ」という具合に。ごく普通の出来事だと考えようとした。

一方、老人クラブ「B」52人のリーダーは、非常ベルが鳴った直後「何があったんだろうか。ちょっと様子を見てくる」と立ち上がって部屋を出て行った。そして階段付近まで行って下から煙が上って来るのを発見、「これは大変だ」とすぐさま部屋に戻り、「様子がおかしい。とりあえず避難しよう」と、みんなを煙の少ない階段を使って避難させた。

午後3時18分、また火災警報のベルが鳴った。さすがに様子がおかしいと、従業員が大浴場へ見に行くと、すでに炎と煙が回り、手のつけようのない有様だった。客室から見える窓の外の煙はどんどん濃くなっている。こうして避難が始まったが、悪いときに悪いことが重なった。ちょうど従業員の交代時間に当たっていて、避難指示をすべき人たちが少なかったうえに、ホテルが増築を重ねていたため通路が複雑で迷路のようになっていたのだ。加えて、避難するのは平均年齢72歳という老人であった。

結果、宿泊客112人のうち40人が死亡。宿泊施設の火災としては戦後最大の犠牲者を出す災害となった。犠牲になった40人のうち36人は老人クラブ「A」の会員だった。「A」の人たちは、火事など起きるはずがないという「正常性バイアス」に支配されていたのである。このとき、老人クラブ「B」のリーダーは、日常のちょっとした異状に関心を示し、自分で確認し、避難を決断した。

JR北海道トンネル火災——指示に従っていたら死んでいた

2011年5月27日午後9時55分ごろ、JR北海道石勝線の6両編成札幌行き特急が脱線。占冠駅と新夕張駅の間にある「第1ニニウトンネル」(全長685メートル)の中に緊急停車した。

しかし停車から20分が過ぎても、「調べるのでこのままお待ちください」「車外には出ないでください」と乗務員は繰り返し、乗客の車外への避難を制止し続けるばかりだった。車両のどこかで火が出たらしく、後方の車内が煙でかすんでくる。車内の電灯が消え、乗客は携帯電話の明かりで周りを照らした。「どうなっているんだ」と詰め寄る乗客に、客室乗務員は「少々お待ちください」と繰り返すばかり。後方車両に煙が充満していることにやっと気づいた車掌が、「1～3号車(後方車両)のお客さまは4～6号車に移動してください」とアナウンス。だが車内放送はそれきりだった。

時間がたつにつれて、移動した4～6号車にも煙が侵入してきた。5号車で、立ちこめる煙に苦しんでいた男性が「もう駄目だ。外に出て歩いて逃げよう」と言ってドアを開けたのは午後10時半ごろ。すでに緊急停車から30分以上がたっていた。男性が外に出ると、他の乗客もこれに続いた。こうして乗客248人と乗員4人は、煙で充満した暗闇のトンネルの中を500メートル近く歩いて出口へ向かったのである。

ある乗客は「パニックではなく、整然と励ましあって黙々と歩いた。煙がすごく30センチ先も見えないほどだった」と話し、「乗客はみんな死ぬかもと思ったと思う。私もそう思った」と極限状態を振り返った(十勝毎日新聞2014年5月29日付)。

全員がトンネルの外に避難したのは28日午前0時ごろである。同じころ、現場に駆けつけた警察官が火災であることを初めて確認。その後、消火に当たったが、車両は全焼した。

JR北海道の発表によれば、運転士は、緊急停車させてから車外に出て車体下部を確認。車掌は2人の客室乗務員とともに乗客を4～6号車に誘導した後、1人で車外に出て、往復20分間歩いてトンネルの出口を確かめて戻った。だが、すでに乗客が降り始めていたため、前から3両目に乗り込み、後ろから乗客を押し出すように前の車両のドアへと誘導した、という。しかし、車外避難のアナウンスは放送していなかった。

乗務員は「煙は確認したが、炎を見なかったので最後まで火災とは認識しなかった」という。

乗客からはJRの判断の遅れに怒りの声が上がった。男性客の一人は「JRの人から、なぜ勝手に降りたのかと怒られた。自主的に避難したから助かったんだ。現場での判断が正しかったのか、しっかり検証してほしい」と話した（北海道新聞2014年5月29日付）。

もし車掌の指示通り車内に留まっていたら――全員が煙に巻かれ、数多くの死傷者が出ることは容易に予想される。

車掌はJR北海道のマニュアルに従って指示を出した。分からないところは、現場からはるかに離れたところにある指令センターに指示を仰いだ。

防災システム研究所長の山村武彦氏は、現代人は「マニュアル至上主義のリアクションとして他の事には目を向けなくなり、それ以上の情報をできるだけカットしようとする」傾向があるが、肝心なのはマニュアルではなく「ほんのちょっとの『気づき』。こちらこそが防災・危機管理の基礎である」と指摘する（『人は皆「自分だけは死なない」と思っている』宝島社刊）。

トンネル火災に遭遇した乗客たちは出火に気づき、危険を察知して列車から脱出して事なきを得たのだった。

指示に従ったばかりに犠牲者が出たケースは、2001年9月11日の米国同時多発テロでも見られた。

1機目の飛行機が世界貿易センタービルのノースタワーに激突した25分後に、このビルを所有するポートオーソリティ（港湾公社）の事務所の責任者が緊急対策本部に電話で問い合わせた。事務所はノースタワーの64階にあり、そこでは16人の職員が働いていた。このときの本部の指示は、「火が出ていないので、注意して非常階段の側にいて警官が上ってくるまで待機しろ」というものだった。そしてほぼ1時間後、事務所側が「煙がひどくなってきたから階段で下りたい」と警察に電話した。本部は「了解、脱出を図ってください」と指示。職員たちは階段を下り始めたが、ビルは途中で崩壊する。16人のうち14人が死亡し、2人が瓦礫の中から救出された。救援のエキスパートへの過度の信頼が、自衛・自助行動の開始を阻害してしまったのだった。

自ら危険を察知し、事態を確認し、そしてリスク覚悟で避難を決断する――災害から逃れることのできた人たちの共通した行動だった。

（日本の論点 10月11日（土）12時0分配信）

単語

バイアス(bias)	【名】先入之见，偏见；偏压，偏磁；偏倚，斜线
浮き彫り(うきぼり)	【名】浮雕；刻画
高台(たかだい)	【名】高地，高岗，地势高而平的台状土地
プリンス(prince)	【名】皇太子，亲王，王子；公爵
報知機(ほうちき)	【名】报警器
トーチランプ(torch lamp)	【名】喷灯
焚き火(たきび)	【名】烧落叶的火；篝火
脱線(だっせん)	【自サ・名】脱轨，出轨；(言论)离题
詰め寄る(つめよる)	【自五】靠得很近，逼近；逼问，追问
立ちこめる(たちこめる)	【自一】(烟雾等)弥漫，笼罩，充满
パニック(panic)	【名】混乱，恐慌；经济危机，经济恐慌
誘導(ゆうどう)	【他サ・名】引导，诱导
マニュアル(manual)	【名】指南，(工作)手册
リアクション(reaction)	【名】反应，反作用，反动
カット(cut)	【他サ・名】切，割，剪，删剪
激突(げきとつ)	【自サ・名】猛烈撞击，激战
エキスパート(expert)	【名】内行，专家

注釈

①第1ニニウトンネル

第一仁仁宇隧道。位于北海道勇払郡占冠村，全长695米。因在石胜线开通前已无人居住，现更名为清风山信号场。

②ノースタワー

美国世界贸易中心北楼。2001年9月11日，两架遭到恐怖分子劫持的飞机分别撞向世贸中心南楼和世贸中心北楼，两座大楼在两个小时内相继倒塌。

③ポートオーソリティ

港务局。专责行使海上事务职权的公共部门，其职权范围广泛而复杂，其中包括有管理港口范围内之事务。

思考問題

1. 危機に際して、逃げる時間が十分あるにもかかわらず、逃げずにいたために犠牲になる原因について述べなさい。
2. 川治プリンスホテルに火災が起きたときに、二つの老人グループの反応と結果についてまとめてみなさい。
3. 「車内が煙でかすんでくる」にもかかわらず、「車外避難のアナウンスは放送していなかった」原因について、乗務員はどう言ったか。

第33課　働き手が半分になる時代がやってくる

2035年、3人に1人が65歳以上に

総務省が発表した2013年10月1日時点の人口推計によると、日本の総人口は前年比21万7,000人(0.17%)減の1億2,729万8,000人で、3年連続の減少となった。総人口のピークは2008年の1億2,808万人で、以後は微減、微増を経て2011年から減り続けている。

合計特殊出生率は、1974年以降一貫して人口維持に必要な「人口置換水準」(現在は2.07)を下回り、2012年は1.41。年間の死亡数は2005年に初めて出生数を上回ったあと、2007年以降はずっと出生数より多く、総人口の「自然減」が始まっている。

推計では、0歳から14歳までの「年少人口」が占める割合が過去最低の12.9%となる一方で、第一次ベビーブーム(1947～49年)で生まれた「団塊の世代」が65歳以上の高齢期に入ったことで、高齢化率が25.1%と4人に1人を超えた。では働き手の人口はどうか。15～64歳の「生産年齢人口」は、前年より116万5,000人減って7,901万人。もっとも多かった1995年と比較すると、800万人も減少した計算になる。

内閣府の「高齢社会白書」(2012年版)によれば、20年後の高齢化率は33.4%(2035年)で3人に1人となり、45年後の2060年には39.9%。国民の約2.5人に1人が65歳以上の高齢者という社会が到来する。他方、生産年齢人口の減少は続き、2060年には現在の半分近い4,418万人となる。

では、こうした人口動態が、経済の行方にどのような影響を与えるのだろうか。

高度成長を底上げした団塊世代の参入

一般に、人口動態の示す社会のかたちは、社会が近代化、成熟するにしたがって途上国に見られる多産多死の社会から、少産少子の社会へと変わっていくのがふつうだ。それは年齢別人口を図にした、いわゆる「人口ピラミ

ッド」の形に反映される。裾野の広い「火山型」から、「釣鐘型」を経て「つぼ型」・「タワー型」へと変わっていくのだ。

この過程で生まれるのが、社会の働き手である「生産年齢人口」に対し、「従属人口」と呼ばれる年少・高齢人口が少ない状態だ。この時期は、労働者が増加するので生産が拡大する、また子供の教育費や高齢者の社会保障費の負担が減るため、設備投資や消費が活発化し、その結果、経済は成長する。

このように、人口構成の変化が経済にプラスに作用することを「人口ボーナス」といい、1960年代の日本の高度成長は、まさにこの人口ボーナスによってもたらされた。団塊世代が就業年齢に達し、いっきょに労働市場に流れ込んだからである。さらに政府は就業世代に貯蓄を奨励した。その結果、豊富な資金が銀行を経由し企業の設備投資やインフラ整備を支えることになり、社会の活力は高まった。

従属人口の比率が高まると、労働力は減少する。さらに社会は高齢化するので貯蓄も減少＝投資が減少し、成長力も低下することになる。

このように、人口構成の変化が経済にマイナスに作用する状態を「人口オーナス」（オーナスとは負担の意）と呼ぶ。人口ピラミッドを見るとわかるが、人口オーナスは、人口ボーナスがあれば、その後にかならずやってくる。日本が人口オーナスの段階に入ったのは1990年代からである。

団塊世代が75歳になる2025年の介護危機

政府の産業競争力会議のメンバーである竹中平蔵・慶大教授は、ジャーナリスト田原総一朗氏との対談で、「（3年、4年ではなく）10年、20年のタームだと、移民を受け入れればいいんですよ。（中略）アメリカでもオーストラリアでも成長戦略を議論する場合には、必ず最初に移民の問題を議論するんです」（「現代ビジネス」2013年7月16日付）と発言。内閣府も、2060年時点で1億1,000万人の人口を維持するには、出生率を2.07に引き上げたうえで、毎年20万人の移民受け入れが必要、と試算した。

海外メディアも、安倍首相の計画は、母親の仕事復帰を促すために開設される数千もの託児所での働き手が確保できるのかという疑問に答えていない。そのもっとも妥当な解決策は移民であろうと、アベノミクスの成否は移民を受け入れられるかどうかにかかっていると指摘する。

政府は、治安の悪化や日本人の賃金低下を招くことへの懸念から、外国人労働者は期限つきで受け入れても、定住を前提とした移民の受け入れには消極的だ。北欧諸国やカナダなど、これまで移民を積極的に受け入れてきた国で、近年、受け入れ廃止や基準の厳格化を打ち出している。背景には、保守層の間で「自国民の職を奪う」「福祉にタダ乗りする」といった移民への不満の高まりがある。

団塊の世代が75歳以上になる2025年には、介護に携わる人材を100万人増やさないとサービスを維持できないという推計がある。増田寛也・元総務相によれば、急増する高齢者のための医療・介護ビジネスが首都圏で拡大し、それが地方からの人口流出を加速させるため、30年後には500以上の自治体が消滅するという(「中央公論」2013年12月号)。一方、首都圏に流入した人々も子供を産み育てられる環境になく、最終的には東京の人口も減っていく。そうした「人口のブラックホール現象」を食い止めるためには、「人手不足対策よりも、日本に多様な価値観をもたらす効果のほうが重要」として、増田氏は海外人材の受け入れに前向きだ(読売新聞2014年4月13日付)。

望ましい退職年齢は70歳以上か

出産・育児のために30代で大きく落ち込む「M字カーブ」問題を解消するためには、まずは専業主婦に有利な税・社会保障制度を改め、男性が育児休暇を取得しやすくする、などの政策を推進すべき、という意見がそれだ。日本建設業連合会は、3月に「業界の女性労働者を5年後に今の2倍にあたる18万人まで増やす」と発表した。

65歳以上を一律に「高齢者＝扶養されるもの」とする固定観念を捨てる必要があるというのは、国立社会保障・人口問題研究所の金子隆一副所長で、「平均余命等価年齢」と呼ばれる指標から「高齢化」を見直すことを提唱している。この指標は、各時代で平均余命の等しい年齢を同じ年齢とみなす考え方で、仮に1960年を基準とすると、当時65歳だった人の平均余命(男性11.6年、女性14.1年)と余命が同じになる年齢を「高齢」と定義し直すというものだ。その結果、「高齢者」と呼べるのは、2030年には男性77.2歳、女性78.8歳以上となり、高齢化率は従来の半分程度に下がる。この考え方に立てば、高齢化は決して国力の低下をもたらすものではなく、厚みのある高齢層は、日本にとっての大きな資産だ(日本経済新聞2014年4月4日付)ということになる。

事実、日本の高齢者の中には、現役で働いている人、働きたいと思っている人が多い。2013年には65歳以上の就業者数が636万人と前年比7%増加し、就業者全体に占める割合がはじめて1割を超えた。欧米の主要国が1～5%であるのに比べれば高い値だ。2011年の内閣府調査でも、60歳以上の3人に1人が「望ましい退職年齢」を70歳以上と考えているという結果が出ている。

（一部分内容删除）

単語

微減（びげん）	【自サ・名】稍微减少
微増（びぞう）	【自サ・名】略有增加
置換（ちかん）	【他サ・名】调换位置或顺序；（数学）置换
ベビーブーム（baby boom）	【名】（婴儿）出生高峰期
裾野（すその）	【名】山脚下平缓的原野
釣鐘（つりがね）	【名】（寺院里的）吊钟
つぼ（壺）	【名】（中间圆鼓状的）壶，罐，坛
タワー（tower）	【名】塔
ターム（term）	【名】期限，期间
タダ乗り（只のり）	【自サ・名】白坐车，无票坐车
前向き（まえむき）	【名】面向前，面向正面；积极，肯定
余命（よめい）	【名】余生，残年

注釈

①人口ボーナス

人口红利，是指一个国家的劳动年龄人口占总人口比重较大，抚养率较低，为经济发展创造了有利的人口条件，整个国家的经济呈高储蓄、高投资和高增长的局面。

②人口オーナス

人口负担、人口负债，指已经预先支付、今后要偿还的人口发展代价。

③アベノミクス

安倍经济学，指日本第96任首相安倍晋三于2012年底上台后加速实施的一系列刺激经济政策，最引人注目的就是宽松货币政策，日元汇率开始加速贬值。

④人口のブラックホール現象

人口黑洞现象。指因吸引原本应在农村养育孩子的人到大城市后，不仅导致偏远地区因人口过少而消失，还造成来到大城市的这部分人不生孩子，最终导致全国总人口持续下降的现象。

⑤M字カーブ

M形就业模式，指不同年龄段女性就业率的变化曲线，这种变化曲线形似"M"，国际上通常称之为"M形就业模式"。在日本，大多数女性毕业后参加工作，结婚育儿期辞职回家，待孩子上学后再重返就业市场，形成两段就业高峰。

思考問題

1.「従属人口」と経済発展の関係について述べなさい。
2.「人口ボーナス」と「人口オーナス」について説明しなさい。
3. 日本政府は外国人労働者の受け入れに消極的な姿勢をとった原因を述べなさい。
4.「厚みのある高齢層は、日本にとっての大きな資産だ」とあるが、どうしてそのような言い方をするのか。例を挙げて説明しなさい。

第34課　災害大国　あすへの備え

20階程度にあたる高さ60メートルを超える超高層ビルは全国に約2,500棟あり、そのほとんどが東京、大阪、名古屋に集中する。大地震が起きたとき、どのようなことが起きるのか。

東日本大震災では、震源から800キロ離れた大阪市にある55階建ての咲洲庁舎も最大2・7メートル、10分以上も揺れ続けた。長周期地震動と呼ばれるゆったりとした揺れだ。軟らかい地盤で増幅され、長時間続く。

東京理科大の永野正行教授(地震工学)は、関東と関西の24階建て以上のマンション計22棟の住民に東日本大震災時の状況についてアンケートを実施。968人から得た回答を高層、中層、低層に分けて分析した。

関東の高層階では7割が「揺れにより自分の意思で行動できなかった」「立っていることができなかった」と回答。「遊園地の海賊船に乗っているような揺れ」「船室にいるような揺れが20分ほど続いた」など、高層階ほど水平方向のゆっくりした揺れが長時間続き、家具などの転倒やテレビやパソコン、花瓶などの落下が多くあった。

地震のけがの原因の多くは家具の転倒や落下。永野教授は「今回の調査でも半数以上が家具の固定をしていなかった。超高層の建物では、家具やオフィス機器などの固定がより重要になる」と話す。

一方、低層では半数以上で壁紙や内装材の亀裂などが見られた。7割の人が「ギシギシ」「ミシミシ」などと建物がきしみ、内装材が壊れる音を頻繁に聞いていた。高層ほど大きく揺れていないにもかかわらず、多くの人が音による恐怖感を強く抱いていた。

高層マンションに欠かせないのはエレベーター。日本エレベーター協会によると、地震の揺れを感知すると最寄り階に自動停止するが、震度4より大きな揺れの場合、故障などがなくても点検を受けるまで復旧できない。数多く停止すれば、復旧まで時間がかかる。階段の上り下りが困難な人が孤立化するおそれがある。

東京都中央区が、東日本大震災で区内の分譲マンション253棟を対象にした調査では、8割近くが自動停止や故障で動かなくなった。震災当日に復旧したのは4分の1。数日から1週間以上動かなかった例もある。

夕食の食材がなく非常階段で1階まで移動した35階の住人は、理科大のアンケートで「下りるのに10分、上るのに21分。高層難民の経験をした」と回答した。

飲料水(1人1日3リットル)は最低でも3日分、可能なら1週間分の備蓄(びちく)のほか、ガスコンロや懐中電灯(かいちゅうでんとう)などライフラインの停止に備えた用意を個人でしておくべきだ、と専門家は指摘(してき)する。

「旧耐震(きゅうたいしん)」法改正で改修しやすく

全国に約601万戸ある分譲マンションのうち、1981年以前に建てられた旧耐震基準のマンションは約106万戸。旧耐震のままでは将来の大地震に耐えられないのか。

■ バランスに注意

日本建築防災協会の神田重信(かんだしげのぶ)・専務理事は「旧耐震がすべて危ないということではないが、構造上のバランスが悪いマンションは耐震診断をした方がいい」と指摘する。国土交通省のマニュアルによると、バランスの悪いマンションとして、L字形やコの字形、上層と下層で構造が異なる細長い形、1階に駐車場や店があり壁が抜けている(ピロティ形式)——などがある。

診断で耐震性能を示す「Is値」0.6未満が改修(かいしゅう)の目安(めやす)だという。ただ、耐震診断も図面と現況を確認する簡易なものから、コンクリートに穴をあけて強度を確認するものもある。

耐震化には、改修か建て替えかの選択があるが、一般的には改修の方が費用が抑(おさ)えられる。ただ、改修も壁や柱の補強(ほきょう)から制震(せいしん)、免震(めんしん)装置の設置まで様々だ。建物の大きさなどにもよるが、改修には数千万～数億円かかるのが一般的だ。費用に見合(みあ)った効果が得られるか、住みにくくならないかも考え方針を決めることになる。診断や改修費用の助成(じょせい)をする自治体(じちたい)もあるので、まずは自治体などに相談して、専門家に依頼(いらい)した方がいい。

■ 過半数の賛成で

マンションで常に必要になるのが住民の合意(ごうい)づくり。東日本大震災の被災マンションでも、意見がまとまらず、改修や建て替えに手間取(てまど)った例が目立った。

大規模な改修工事には4分の3以上の賛成が必要だが、昨年の法改正で耐震性不足と行政から認定されたマンションは過半数の賛成で改修ができるようになった。全員の合意が必要な建物と敷地（しきち）の一括売却（いっかつばいきゃく）も、今年12月末からは、耐震性不足と認定されれば8割の賛成でできるようになり、選択肢が広がる。

東日本大震災では、仙台市などのマンションで、受水槽（じゅすいそう）の破損（はそん）や地盤沈下（ちんか）による配管（はいかん）の損傷（そんしょう）でライフラインが途絶（とだ）え、日常生活に大きな支障（ししょう）がでた。

マンション管理支援ネットワークせんだい・みやぎの調査によると、住民が避難したマンションの3割がライフラインの停止が理由だった。ライフラインの復旧までの日数は、電気は7割が3日以内に、都市ガスは7割が1カ月以内だった。外壁（がいへき）が落下した例もあり、通行人がけがをする恐れへの配慮（はいりょ）も必要だ。（北林晃治（きたばやしこうじ））

■「逃げない」が原則

大地震では火事が起きなければ、マンションからすぐ逃げる必要はない。多くのマンションでは、壁に亀裂が入っても、床が傾いたり、柱（はしら）の中の鉄筋（てっきん）が曲がったりしなければ、倒壊（とうかい）するようなことはない。人が集まる都市部では自宅待機（たいき）が原則だ。

住人の無事を自分たちで把握（はあく）することも忘れてはいけない。お年寄りや障害者とどう連絡をとるか。集合場所や連絡方法を事前に管理組合で確認しておく必要がある。

大地震が起きると、出血や骨折（こっせつ）ぐらいでは医療機関で治療を受けられないかもしれない。けが人が出ても、可能な限りその場で応急（おうきゅう）対応する。担架（たんか）の保管場所や使い方、高層階でけが人が出た場合の搬出など、訓練をしておくべきだ。

エレベーター内に閉じ込められるのを防ぐには、揺れを感知したら、全てのボタンを押し最寄り階への停止を試みる。閉じ込められた場合の脱出や救出（きゅうしゅつ）方法も調べておいた方がいい。

災害時に重要なのは人と人とのつながり。入居者や地域住民の人間関係が基本となる。普段から祭りや防犯活動などに参加し、顔見知（かおみし）りになり、いろんな知識や技術をもった住人がいることがわかれば、非常時に互いに頼れる。

水や食料などの備蓄は、個人でも必要だが、管理組合でも相談しておくべきだ。マンションや地域の防災力を高めることは、マンションの資産価値を高めることにもつながる。

（2014年1月25日　朝日新聞）

単　語

海賊船（かいぞくせん）	【名】海盗船
内装材（ないそうざい）	【名】室内装潢材料
亀裂（きれつ）	【名】裂缝
ギシギシ	【副】咯吱咯吱（的声响）；硬塞状
ミシミシ	【副】嘎吱嘎吱（物体弯曲或摩擦时的声响）
軋む（きしむ）	【自五】相互摩擦；摩擦时发出声响
最寄り（もより）	【名】附近，最靠近
ガスコンロ（gas 焜炉）	【名】煤气灶
ライフライン（life line）	【名】生活线（电线、煤气管、自来水管）；救生绳；命脉，生命线
手間取る（てまどる）	【自五】费时间，费工夫
途絶える（とだえる）	【自一】来往中断；断绝，中断

注　釈

①ピロティ形式

底层架空式。建筑形式的一种，底层用柱子等架空，以支撑物体承重的房屋。

②Is 値

结构抗震指数。根据各类数值计算出的指数，以此评估建筑物及结构的抗震性能是否合格。Is 值在0.6以上的建筑物，其倒塌损坏的危险系数较低。

思考問題

1. 地震が起きたとき、「逃げない」が原則だと言っているが、具体的にどうすればいいのか。
2. 地震に備えるための訓練についてまとめてみなさい。

附录 1：参考译文

第 1 课　报纸栏目

（一）天声人语

“制造新闻的人和报道新闻的人之间的斗争永无止境”，这是美国新闻工作者赖斯顿说过的一句话。一方面报纸总是在挑政治的刺，另一方面政治家和公务员总是在不停地自吹自擂。▼美国伟大的总统杰斐逊曾说过：“比起没有报纸的政府，我宁愿选择没有政府的报纸”，这句话经常被引用。之后他还说过：“不看报纸的人比看报纸的人更明白真相。”这句话反而没怎么被引用过。▼日本的首相一开始也牢记着“与记者们对话”，但是没过几日就变成了明日黄花。虽说报纸方面也有需要反省的地方，但是当权者们讨厌报纸的原因恐怕是因为“（报纸）没有站在我们的立场考虑”吧。▼新闻报道与需要站在对方立场考虑问题的人际交往是不同的，因为，比起华丽的辞藻，所有的政治家们更想努力追求自身权利的正当化和持续性。另外，还有专家抱怨：“报纸不明实情却进行批判”，这也难以让人认同。▼在民主的掌控方面，比起被卷入利害关系的知情者来说，身为外行人的群众更容易得出明智的结论。如果独享信息的专家能够做出正确的判断，那么美国就不会在越南问题上失算。日本那些公害企业也早就会将危害公之于众了。▼报纸首先要做到的是准确地传达信息。并且要根据报纸自己的立场选择何为正确的信息。在这两方面报纸要负起责任。通过今天开始的“新闻周”活动，我又一次感受到了其中的重要性。

（2015 年 2 月 1 日《朝日新闻》）

（二）余谈

日本第一枚邮票于 1871 年发行

日本第一枚邮票“龙文”于 1871 年发行，该枚邮票的设计者是铜板雕刻师松田敦朝。据说当年，创建邮政制度的前岛密拿了法国的邮票给松田看，委托他创作手刻的原版。松田震惊于法国邮票的精细程度，再三推辞说自己做不到。（内藤阳介著《皇室邮票》）▲144 年后的今天，在日常生活中邮票被广泛使用在明信片和信封上，面额从 1 日元至 1 000 日元不等，邮票的图案取自市民生活中熟悉的图案。▲日本邮政不停地更换邮票的图案。去年春天，日本邮政发行了 11 种以动物、花草、风景等自然主题为基础的新邮票，其中就有伴随着消费税的提高而发行的 52 日元的染井吉野。本月 2 日又有 12 种新邮票将要发行。▲因这次负责设计新邮票系列的是 2 名女性设计师而备受关注。这两位设计师是有着 17 年设计经验的星山理佳和有着 10 年设计经验的贝渊纯子。据日本邮政称，现任的 7 名邮票设计者中有 4 名是女性。▲虽然现在利用电脑进行创作，但是匠人们从庞大的照片资料中选取图案认真创作的这份技艺是不变的。让我影响深刻的是绘有日本猴一家的 5 日元新邮票以及 3 日元邮票上的花栗鼠等，这些动物形象体现出柔软和可爱。贝渊表示，在设计 5 日元邮票上的猴子时，最困难的就是"在狭小的邮票上描绘猴子最具特点的眼睛"。▲近来，由于大和运输公司决定停止信件业务等企业参与信件运输的规范问题日益严峻，且不需要邮票的直邮广告和电子邮件越来越普及，邮票的发展前景不容乐观。即便如此，看到邮票设计者的心意能够得到传承还是一件很令人高兴的事情。

（2015 年 2 月 1 日《每日新闻》东京朝刊）

（三）读卖社论

针对阿尔茨海默病的国家战略 重视老年人的想法

政府制定了首个有关应对阿尔茨海默病问题的国家战略，总结了到 2025 年，即预计届时每 5 位老年人中有 1 人患阿尔茨海默病时的应对方案。希望这能成为加速建设让阿尔茨海默病患者也能安心生活的社会的契机。

除了加强对医疗和看护等领域的支持之外，还包括防止因阿尔茨海默病患者迷路而出现的事故或诈骗案件，促进就业及参与社会，研究开发治疗和预防方法等，内容包罗万象。

为了帮助阿尔茨海默病患者的生活，必须针对各方面制定对策和投入人力。希望政府能够团结一致，落实这些政策。

现在患阿尔茨海默病的老年人多达 462 万人。到"团块世代"（指战后第一次婴儿潮的那一代人）进入 75 岁的 2025 年时，阿尔茨海默病患者预计可达 730 万人。年轻人患阿尔茨海默病的病例也在不断增加。

阿尔茨海默病患者很难自己觉察到病症，很多患者都是在病情恶化后才去医院就诊。由于居家医疗和看护服务尚不完善，很多人都选择长期住在精神病院或者入住特殊养老院。

据说如能在发病早期就接受适当的帮助，症状就能得到控制，也能延缓病情的恶化。所以国家的战略重点将放在建立早期诊断和完善应对机制方面，这一点让人赞同。

国家战略还规定从 2018 年起，在全国各市町村设立"初期集中支援队伍"，让保健师可以拜访个人和家庭，开展咨询和提供帮助。还要加强面向家庭医生开展的阿尔茨海默病培训。

为了从初期就能无间断地提供照顾，需要加快培养熟悉阿尔茨海默病的医疗看护工作人员。

为了让阿尔茨海默病患者能够继续生活在熟悉的地方，附近居民的理解和帮助不可或缺。因此在国家战略中也加入了"建设阿尔茨海默病患者能够舒适生活的地区"这一点。

越来越多的地区采用了一种阿尔茨海默病患者走失应对系统，这种系统在阿尔茨海默病患者走失时，能够向当地居民统一发送邮件，寻求目击信息。希望这个系统能够在更多的地方得到使用。

此外，培养陪同阿尔茨海默病患者出行或者确认阿尔茨海默病患者状况的志愿者，加强有关阿尔茨海默病正确知识的宣传教育活动也十分重要。

在国家战略中，重视患者本人和家人意见这一点引人关注。他们需要什么样的帮助呢？据称实际调研的结果将会在政策中得到反映。

处理阿尔茨海默病问题是世界共同的课题。安倍首相强调要“推进建设，使日本成为全世界的榜样”。期待日本能够建立全社会帮助阿尔茨海默病患者的体系，并向全世界做出表率。

（2015年2月1日《读卖新闻》）

（四）产经抄

我有时会思考一个问题：“时间”是谁的呢？我们日本的红白喜事由大安或佛灭等中国传来的六曜所决定。在地产界还保留着因为不愿意发生“合约终止”而选择在周三歇业的习惯。国家、民族、宗教、习俗，看起来似乎随心所欲，但其实一点也不自由。

▼据说古代历法中没有现在所谓的1月和2月。公元前8世纪左右，罗马使用的罗慕路斯历规定一年有304天，3月开始12月结束。没有代表农闲期的1月和2月也没什么不方便。（薮内清著《历史是从什么时候开始的》中公新书）

▼在这里我就不谈有关2月演变到如今28天的各种曲折历史了。总而言之，是为了配合地球公转，让1年统一成365天。本来想写“今天起又是新的一个月……”这样随处可见的开头，但是想到被命运折腾的“2月”的悲剧，我还是放弃了。

▼“72小时”“24小时”“1月29日的日落”，截止日期不停被更改，看不见真容的谈判对手在看到有关人士把时钟的指针一会儿拨快一会儿拨慢的混乱，一定在冷笑吧。“伊斯兰国”在决定了后藤健二生命时间的终点之后，令人心急的时间总算是过去了。

▼因为这次的事件，我找了一些后藤写的书来看。每本书的字体都很大，且汉字上标注了假名。看得出来后藤想要把自己的“时间”献给生命之芽茁壮成长的孩子们。他的“时间”不是那群不把人命当命的家伙们所能自由掌控的所有物。

▼美国作家威廉·福克纳的一句话强有力地回响在我的脑海中：“时钟停止之时就是时间重生之时”。我想，虽然后藤的时钟被狂热的信徒打乱，正因如此他的时间也会变得更长、更痛苦、更孤独吧。

（2015年2月1日《产经新闻》）

第2课　东京开拓世界未来

世界投向日本大众文化的目光在说：酷日本。作为信息发送地，东京的潜力正经受考验，东京正在开拓世界舞台。

去年十月，发行《周刊少年JUMP》的集英社在土耳其的伊斯坦布尔现代美术馆举行了漫画展，展出了人气漫画作品的手稿，放映绘图过程，引起了很大反响。没想到小学生们也在老师的带领下前来参观学习。

〈日本元素再度袭来〉

由于看到周边伊斯兰国家的潜在需求，集英社着手计划在亲日国家土耳其出版漫画。在美国8年前已经开始出版英语版的《月刊少年JUMP》，至今已经销售了近30万册。

从漫画、动画、游戏到电影、音乐、时尚，日本的大众文化让世界着迷，被称为酷日本。这是泡沫经济破灭后日本人闷闷不乐时所萌发的现象。

现在"Manga(漫画)""Otaku(御宅族)"已经成为世界通用语。以东京秋叶原为中心的文化随着互联网的普及瞬间传遍地球，催生了有着共同爱好的国际社区。

众所周知，十九世纪中叶，葛饰北斋的漫画在被用来作为包陶瓷器的包装纸传到法国后，点燃了印象派画家浮世绘热潮的导火线，日本元素席卷了欧美诸国。不少人认为这次的"酷日本"现象是那次热潮的延续。

水木茂创作的漫画《神婆婆和我》以及泷田洋二郎导演的电影《入殓师》得到国际上很高的评价，这是近年来代表性的实例。

美国记者道格拉斯·麦克格雷于2002年发表了一篇名为《日本国民"酷"总值》的论文，从那以后"酷日本"这一称呼流传开来。

构建相互理解之心

仿照经济指标国民生产总值(GNP)，现在提倡显示流行文化力量的指标—国民个性总值(GNC)。

有很多外国留学生来日本学习，就是为了专门学习日本的大众文化。

在东京都的宝塚大学研究生院学习动画的中国人马颖寅(24岁)的目标是成为一名创作老师。在一直推动文化产业发展的中国，很多大学开设了动画课程，小马在上海取得了学士学位。

但是，他断言："如果不了解日本人细腻的性格和生活习惯，是不能掌握真才实学的。"无论表现技巧多么娴熟，想要培养在构造人物性格、安排故事发展脉络等方面给作品注入灵魂的能力，则必须去日本留学。

抱有这种想法的留学生似乎为数不少，日本人本身就好像是教科书一般的存在。

日本的漫画、动画为什么能在政治、民族、习惯迥然不同的国外引起注目呢？

美术作家村上隆在《日本想象力的未来—酷日本学的可能性》(NHK books)中指出："这是因为'友情、爱情是人类共通的'，日本的漫画正是以此作为贯穿作品始终的主题。"

正因为是在曾经的贫困背景下产生的文化，日本动漫才形成了这样深深吸引广大民众的智慧。

担纲人气游戏"太鼓达人"等制作的宝塚大学川村顺一教授认为："日本并不是信仰打倒敌人才能生存的单一神教国，而是众神之国。在日本人想法的深处，流传着尊和的思想"。

例如，美国为了招募士兵，制作了战争游戏并发布在网络上，而在日本，以反战思想为基调的战争游戏博得好评。这就是一种体现。

如何与自然共生，如何与异质共存，全球化的浪潮将这个难题推向世界各国。对此，我认为以人与人之间相互支持的精神相处或许就是日本大众文化的本质。

东京人潜藏的实力

酷日本现象可能已经过了鼎盛期，但不能忘记其原动力是在东京生活的最普通的人。在东京人的日常生活里潜藏着引领世界的力量。

今年春天东京知事选举将选出新的面孔，这是一件大事。东京人将如何磨炼其相互支持的心并向世界传达，让我们出谋划策，使东京更酷吧！

(2011 年 1 月 3 日《东京新闻》社论)

第 3 课　成人节的思考 人才不是一日养成的

“新成人们，恭喜你们。就像冰封雪藏的森林里隐匿着春天一样，今天也是希望你们内心深处潜藏的某种东西能得到解放的日子。我们也是一样。

某一天，我们在覆盖着一层薄薄积雪的陡坡上工作，气温在零摄氏度以下，为了操作沉重的电锯，两脚必须牢牢地“钉”在地面上，从脚尖传来阵阵疼痛。但是最近已经不在意这种痛苦了。”

志津威臣先生(21 岁)在去年春天正式成人的时候，来到岐阜县东白川村的森林公会成为一名森林技术员。这片森林自古以来生长着用于制作房屋顶梁柱的优质东浓扁柏，是村里人的命根子。为了将这片美丽的森林传给子孙后代，工会的成员需要年轻化，十年前这里就开始推动专职工作人员的新老换代。

看见十年后的森林

这里的森林技术员平均年龄 36 岁，在县里所有工种中是最年轻的，而志津又是其中最年轻的护林员。

“我以前也是个没有理想的人。”志津苦笑着回忆了成人前的时光。

他父亲是在邻市中津川市工作的护林员。小时候对父亲的工作完全没有兴趣，只记得回家后父亲常说：“太累了，太累了”。

高中读的是普通科，本打算毕业后在附近的工厂干活，但父亲极力推荐：“试试去山里干活吧”，所以志津在培养林业人才的岐阜县立森林文化学院学习了两年，掌握了工作的基本技能。也明白了只有好的木材才能建出好的房子，只有培育好的森林才能保护地球环境。就这样志津慢慢地喜欢上了山里的工作，决定追随父亲的足迹了。最主要的还是因为志津觉得用电锯很有趣。

去年成人节之后，志津和初中同学大约 60 人聚了聚，其中大部分都读大学了，从事第一产业的只有志津和另外一个人。

20 岁的关头

“说实话，虽然已经成人了，可没什么真实感，倒是被穿不习惯的西装束缚着。”

之后一年，逐渐理解了父亲对森林的虽累尤爱之情。

志津在感到“太累了”的时候，就回首望去。间伐整齐、重获明亮光线的扁柏林，仿佛焕发着生命的光辉。这是自己和同事留下的实实在在的工作成就。

然后再接着往前看。

志津仰望着参天古木，心想着十年后这片森林会变成什么样子呢？自己又能为她做些什么呢？这些幻景一一清晰地浮现在他的眼前。

一遍遍考虑自己目前所处的位置和今后应当要做的事，志津坚定了脚步。“我的选择并没有错。”也似乎明白了举行成人仪式的意义所在。

并不是说成人仪式一过，世界的某个角落就会响起吹奏乐，一些东西就会改变。如果自己不试图改变的话，那身边的一切，经济也好世界也好都不会有任何改变。

只不过，二十岁的阶段，正好可以回顾成长旅途上已经走过的路，并展望未来的人生旅程。站在这个关头，人们一次次地经历困惑与选择、反省与决断、失败与成功，在死之前，一步步地接近成人。

我觉得所谓的成人，并不是一个瞬间，而是一个过程，罗马城不是一天建成的，人也不是一天培养成的。

成为一个真正的人，完善自己的人生，成人仪式也许就是一个让人强化这种意识的契机吧。

《新成人跌破人口的 1% 大关》，元旦时看到报纸上刊登着这样一则让人担心的新闻，莫名地感到新成人头上笼罩着不安的阴影。

即使想依靠知识，良莠混淆的信息如同枝叶错综交杂的丛林一般让人无从选择。要让年轻的一代健康向上地生长，需要借助长辈的力量，要进行“间伐”。

迎风呼喊我的名字

“遇到困难的时候，就迎风呼喊我的名字吧”。

这是电影《寅次郎的故事》中阿寅留下的台词。

我希望我们成人在这种时候，也可以抬头挺胸地说：“不是还有报纸嘛”。

今天，要给自己定位的，不只是刚刚二十岁的年轻人。

（2010 年 1 月 10 日《东京新闻》社论）

第4课　日本经济的复苏 转换政策以打破闭塞感

日本经济复苏步履缓慢，停滞不前。

持续的通货紧缩，加上劳动人口开始减少，恐怕对生产和消费将会带来不利的影响。曾经仅次于美国的经济大国一日本会就这样衰退下去吗？社会保障及财政衰败，老年生活是否将会无法保障了？相信抱有这种不安的人不在少数。

为了打破这种日益增强的闭塞感，现在有必要从根本上重新研究经济政策。

日本经济于2009年春摆脱了世界经济不景气的困境，开始好转。但是大规模的经济复苏对策和伴随亚洲经济发展而扩大的外需，好转只是一时的，从去年秋天开始的经济停滞可见，日本经济自律性的增长力还是靠不住的。

9月份政府停止发放环保型车辆补助金后，汽车销量骤减；12月节能型家电优惠的减少，也导致了超薄电视等的销售受阻。由于日元升值加上国外经济发展减缓的影响，一直以来处于支柱地位的出口也放缓了增长。

政策、外需都难以为继

现在日本的就业形势非常严峻，失业率高达5%。在“就职冰河期”的瑟瑟寒风中，大批年轻人不得不为了找份工作苦苦奋斗。

即使这样，政府和日本银行仍预计，亚洲（其他国家）等海外经济顺利恢复后，日本出口将会增加，经济也会随之复苏。

如此依赖海外经济的蓝图，难以让人安心。因为从前年政权更替开始便接连出现的严重政策失误，可能会妨碍日本经济的复苏。

最近的一个失策是日本搁置了加入跨太平洋战略经济伙伴协定（TPP）的计划。

TPP是亚太各国相互间撤销关税，寻求贸易投资自由化的协议，美国及澳大利亚、新加坡等9个国家正在谈判。

日本在自由贸易协定（FTA）上已经落后了，如果TPP也不参加的话，将会被排除在自由贸易及投资框架之外。

这对作为一个通商国家的日本来说是个性命攸关的问题，而菅直人首相竟然还尚未决定是否加入这一谈判。

改革散乱的农业政策

农林水产省及农业相关的议员曾主张，废止关税会导致便宜的农产品大量进口，日本的农业会遭到毁灭性打击……

其实在高关税保护下的农产品生产额，连主食大米也不到2兆日元，关税高达1700%的魔芋只有140亿日元，(关税)达360%的黄油也只有780亿日元。

虽然保证主要农产品的自给自足很重要，但拘泥于保护那些在整体经济中只占很小规模的农产品，而不能实现“平成开国”，日本将在国际竞争中掉队。

发展战略的切实实施

日本去年的国内生产总值(GDP)被中国超越，经济的日益衰退难道无法遏制了吗？

其实，此前政府和民间开出过不少处方。

政府的新发展战略构想是在环境、医疗、看护等方面在今后10年创造出超过120兆日元的新需求。

政府因此提出了丰富的方案，比如，为了防止由于劳动人口减少带来的消费及生产的低迷，提出了支持妇女养育孩子以促进其就业，还有放宽限制以加强医疗和护理服务，扩大需求等等。

但是很多方案一旦要开始实施，由于政府内的工作不能有机协调，难以取得实质进展。因此不能不说政府在发展政策上的领导能力不足。

国民之所以对未来感到不安，不光由于国家的经济实力下降，更因为社保制度的难以为继和财政的恶化，这已经成为危机了。

国家的社保费用以每年1兆日元的幅度在增加，用拆东墙补西墙的方法来减轻养老金的国库负担，是无法长久的。

形势已经明确，为了确保稳定的财源，在不久的将来，政府将不可避免地提高消费税。

菅直人首相必须将事态的严重性诚实地告诉国民，并对税收财政进行彻底的改革。

当然，如果继续实行发放育儿津贴、取消高速公路收费等评价不高的乱花钱政策，将难以获得国民对提高消费税的理解。

政府应首先尽早取消政权公约，提出切实可行的政策，促进日本经济的发展。

(2011年1月4日《读卖新闻》社论)

第 5 课　家庭用 LED 照明真的划算吗？

大幅削减占家庭用电 16%的照明电力

使用了二极管的 LED 灯泡，因其寿命长、节能，成为一种引人注目的环保照明。

相对于白炽灯 1 000 个小时，灯泡型荧光灯 10 000 个小时的寿命，LED 灯泡的寿命可达 40 000 个小时。如果一天使用 5 小时，可以 20 年不更换。且很少因反复开灯而老化，比较容易达到 40 000 小时的预计寿命。

耗电方面，每小时白炽灯耗电 54 瓦(特)，灯泡型荧光灯耗电 12 瓦(特)，而 LED 只耗电 7 瓦(特)。如果按每天使用 5 小时计算，每月的电费 LED 为 23 日元，灯泡型荧光灯为 40 日元，白炽灯为 179 日元，LED 的电费仅为白炽灯的 13%。一个有 10 盏灯的家庭，每月的电费相差竟达 1 560 日元之多。

考虑到家庭用电量的 16%都属于照明，选用 LED 灯确实可以达到大量节省电费的效果。(数据引用自平成 16 年(2004 年)电力的需求和供给概要)

话虽如此，一个白炽灯只要 130 日元左右就能买到，灯泡型荧光灯要 700 日元左右，而 LED 灯则要 2 500 日元左右。这样算起来用 LED 灯还划算吗？计算的结果已统计在另一个表里。

如果使用 40 000 小时(每天用 5 小时的话约 22 年)的话，购置费和电费合计，LED 灯约需 9 000 日元，灯泡型荧光灯约需 14 000 日元，白炽灯则要超过 5 万日元。所以虽然购置费用高，但在用完 1 个灯泡型荧光灯，2 个白炽灯的时候，LED 就划算了。

而且入秋以来 LED 灯的单价骤降。永旺从 10 月开始降价销售，60 瓦的 1 680 日元，40 瓦的 1 580 日元。加上大厂家自有品牌的上市，价格竞争会更加激烈。

那有人可能会问，是不是该再等一段时间再买？就像我前面说的那样，从平均寿命、耗电量等综合考虑，即使现在开始用 LED 灯也是划算的。如果您现在使用的灯泡坏了的话，依次就换上 LED 灯是明智的选择。

尤其是走廊、卫生间等经常需要开关灯的地方，LED 由于很少因此老化而格外具有优势。在起居室等需要长时间开灯的地方，LED 可以发挥其节能的优点，达到节约电费的效果。而且由于它只发出可视光线，不发出紫外线，对绘画作品的影响较小。东芝的 LED 照明就是因为这个原因被卢浮宫美术馆所采用的吧。

刚开始销售的时候，一些 LED 灯被指出灯光容易闪烁，现在这个问题已基本解决了。只是因为其光线是直线的，间接照明的效果远远不如灯泡型荧光灯和白炽灯。因此，在灯泡老化替换成 LED 灯时，就要考虑到它们的不同性能。

由于单价低，很难争取到降价，所以最好是买自有品牌或打折的商品。在买 LED 灯时，有的量贩店可以拿用过的白炽灯以旧换新，可以看一下宣传单之类的。LED 灯今后仍有可能降价，所以最好不要一次买太多，需要换的时候买即可。在亚马逊等网站还能买到可调光型、充氪气型等市面上买不到的LED灯。

如果想多省电费，还应选择合适的冰箱和空调。我家十几年前换了节能型空调，每小时的电费从20日元下降到1.3日元。冰箱的话，换用大容量冰箱可能达不到预想的节能效果，这一点请注意。

第6课 “周刊杂志能挽救不景气的经济吗?”
——揭露度过艰难通货紧缩时代的内幕消息

第一名,〈日元升值到1美元=84日元、通货紧缩情况下的不吃亏的内幕消息〉(《朝日周刊》2010年12月11日号)

第二名,〈揭晓:本年度最美味的店〉(《周刊现代》2010年12月12日号)

第三名,〈东京高院贵乃花事件的判决是对媒体的压制!〉(《星期五》2010年12月11日号)

(出自元木昌彦的第22届〈周刊杂志独家新闻大奖〉)

威胁到言论自由的判决接连出现。

“寺院住持荒川庸生(62岁)因为进入东京都葛饰区的公寓大楼散发政党的宣传单,而被告住宅侵入罪,30号对他的上诉进行了审判。最高法院第二小法庭(今井功审判长)宣布:‘虽然被告是在行使言论自由权利,但是其私自进入大楼的行为违反了公寓管理工会的意愿,侵害了管理权’。驳回了辩护律师的上诉。东京高院的二审判决撤销了一审东京地方法院的无罪审判,并判处罚金5万日元”。(出自朝日新闻11月30日网站)

仅仅因为进入公寓楼散发政党传单就被逮捕,并被拘留23天,对于警察这种蛮横无理的言论压制,最高法院做出的判决居然是“不能够无限制地保障言论自由,为了公共福利有必要进行合理的限制”。

另外一个例子,是本周的《Friday》杂志用封面文章强烈抗议东京高院的判决。贵乃花方面起诉,在贵乃花夫妇二人争夺遗产案的过程中,《Friday》报道的部分内容有损其名誉,认为在街上及新干线内拍摄的内容侵犯了其隐私。11月18日的判决宣布“支付伤害赔偿”,并且断定拍摄照片的行为“未得到本人许可,是秘密拍摄的,超过了在社会生活上的忍受限度,并侵害了其人格上的权益”。

杂志用封面文章对此做出了反驳。

“应该认识到这个案子如果过于扩大解释的话,几乎所有的媒体采访都不被允许了,甚至有导致社会崩溃的危险。从这个意义上讲,这次的判决有点过头了。”(田原总一郎)

区分公众人物和普通人确实是个难题,关于贵乃花,大部分人都会认为其是公众人物,更何况是在公众场合拍摄的。

如果放任这种压制部分媒体的判决,在不久的将来,一定会影响到所有的媒体。报纸上轻描淡写地说,这次的判决只针对摄影杂志,但是如果媒体不联合起来一起反对这种司法攻击的话就无法阻止这种危险的趋势。

这样下去的话杂志连偷拍的男女艺人在一起的照片可能也不能登载了。加油啊《Friday》!

排名第 2 位的是各家都在策划的丰富多彩的美食栏目，美食专栏作家们在推荐本年度的最佳美味，其中有很多既好吃又便宜的店，似乎今年是味美价廉美食的丰收年。

本乡三丁目的中国餐厅“Isshomorite”的“石烧浇汁炒饭”，读起来就会觉得肚子饿了，人均 1 500 日元。歌舞伎町的“Onnoi runner”，主厨出身泰国北部地区，厨艺高超，那里的咖喱拉面“Koiso”可称绝品，人均 4 000 日元。

我最信任的美食专栏作家横川润推荐的是位于目黑区上目黑的意大利餐厅“ICARO”，那里的北意大利料理非常地道，人均 6 000 日元。杂志上登载的很多店都让人忍不住想去尝试一下。

位列第一的是连政府都正式承认的通货紧缩。日元升值，日经平均股价持续下跌。据说，我曾经工作过的讲谈社今年冬天的奖金，职员减少了 3 成，管理层为零。

收入持续减少，必需品又不能不买，偶尔还想去旅行。于是朝日适时介绍了一些使生活质量上升一个档次的小技巧。

通过手机网站“试吃会.jp”，可以以平时价格的 20%到 50%就能在有名的餐厅吃饭。东芝的 42 寸高清液晶电视，量贩店只要 14 万 9 800 日元。听说 HIS 的特惠旅行路线“神秘之旅”，4 天 3 夜只要 2 万日元就可以了。

在会员制的家庭销售网店“Giruto”，名牌服装最多可以打 3 折，每月 6 000 日元可做 6 次面部美容的定额制美容店也在增多。

还有一晚住宿费超过 5 万日元的超高级宾馆，如果在网上预约连 1 万日元都不用。现在据说房产和汽车等都可以便宜买到。百元店里的生活必需品一应俱全，牛肉盖浇饭店也有 60 日元的优惠。

虽然收入减少了，物价也下降了。与其担心通货紧缩，我们普通市民是不是该为可以买到价廉物美的东西而高兴呢?

第 7 课　不要增加医生?!

——全国大学附属医院院长公开发表反对新设立医学院的“声明”

“新设立医学院将培养大量的医生，这样反而会加速医疗崩溃，给后世留下祸根。”

由全国国立、公立及私立大学的医学部、医科大学的院长以及医学院院长组成的全国医学部长院长会议于 1 月 20 日召开，针对新开设医学部（医科大学）培养更多医生的政策，要求政府慎重对待，并发表声明。

为了解决医生的严重不足，去年 12 月下旬文部科学省召集专家讨论新开设大学医学部的必要性，即“有关今后医学院招生名额问题的研讨会”，此次声明就是针对该会议发表的。

现在的民主党政权根据竞选公约致力于增加医生数量，积极讨论新开设医学院。在政府的引导下，现在仅是已经公开行动的大学就有国际医疗福利大学（枥木县大田原市），北海道医疗大学（北海道当别町），圣隶克里斯多夫大学（静冈县滨松市），除了这 3 所私立大学以外，公立大学还有函馆未来大学（北海道函馆市）也在推动新开设医学部的构想。

医学部长院长会议针对这种动向，早在去年 2 月向政府提出了反对请愿书，此次再次表明意愿（去年召开的全国地方公立医院协议会，国立大学医学部长会议，日本医师会也提交了同样内容的意见书）。

将救护车拉来的病人推来推去、医疗现场医生疲惫不堪等问题已经越来越严重。众所周知，医生的严重不足会引起“医疗的崩溃”，造成社会问题。本来增加医生对于医疗界人士来说应该是求之不得、受到欢迎的政策。

但是为什么大学医院的院长们和医学院的有关人士这么强烈地反对呢?

问题在于增加人员的方法。有关人士一致指出：“增加医生数量本身是件好事，但是新增医学部的方法会造成很多弊端”。

理由有三：

第一，医师数量不足的问题正在得到解决，即使要进一步增加医生数量也可以通过增加现有的大学招生名额来解决。

例如，去年 9 月厚生劳动省发布的“必要医生数量实态调查”显示，为了确保足够的医疗资源，需要增加约 2 万 4 000 名医生，加上现有的医生数后的总数为 19 万 1 000 人，为现有医生数量的 1.14 倍。

全国 80 所大学 2010 年度医学部的招生名额为 8 846 人（2011 年预计为 8 923 人），与 2007 年相比增加了 1 221 人，相当于 12～13 家学校医学院的招生人数。现在每年大学增加 4 000 名医生（专职医生约 3 000 名），单就此来计算，这次厚生劳动省的调查结果显示的约 2 万4 000 人的不足，理论上 6～8 年后就能够得以解决。

“现有的大学如果每个学校增加 2～5 个招生名额的话，全日本一共可以增加 150～330 人，就相当于增加 2～4 家医学院培养的医生数量”。（相关人士）

第二，在新开设医学院的同时，为了确保师资力量，有可能会从医疗现场挖走中坚的专职医生，加重地方医院医生不足的问题。

维持医学院正常运营所需要的医师人数为平均每所大学约 648 人，而基于厚生劳动省的数据测算结果表明，人口为 100 万的县级医院需要的专职医生为约 960 人。其中，有可能成为医学院教师的 30～40 多岁的医院专职医生只有 560 人。即使全部投入工作也不够用，如果再将其三分之二从医院挖走，的确让人担心会产生种种弊端。

第三，新的医学院一旦成立，与扩招的方案比起来，根据需求状况来减少医师培养人数的调整就会更加困难，就像目前牙科医生人数上已经出现了“医师过剩”的现象。

而且，与 1960 年代相比，现在的医学院的招生名额已经成倍地增加了，而由少子化造成的大学适龄入学人口却减少了一半。“新开设医学院带来的招生人数剧增，有可能导致医学院学生的学习能力下降，带来医疗质量的降低”（相关人士）。

当然对于这些看法，也有人认为“只不过是为了维护既得利益而已”。

但是，全国医学部长医院院长会议的副会长森山宽指出：“培养一名医生，需要花费约 1 亿日元的庞大费用，其中包括国民的税金。虽然为了增加医生新开设医学部的政策很好理解，但是从保证医生、医学院学生质量和教育这些方面来看，增加现有的医学院的招生名额会更加合理。必须慎重考虑新增医学院的政策。需要解决的问题还很多，例如要解决地区之间和诊疗科室之间的医师人数的不均衡问题、灵活启用女医生、减少医生的事务性工作、延长专职医生的退休年龄等”。

从 1979 年琉球大学新开设医学院以来，之后就再也没有被允许新增过。这次如果新增的话，就是时隔 30 年的增设。文部科学省预计将在年内提出一定的方向，但对此问题，地方政府和参与新增的大学都很热心和关注，用常规的方法是难以解决的。

第 8 课　父母的经济实力与子女学历的相互关系

“父母的年收入越高子女的学习能力越强”

单身母亲家庭沉重的教育费负担・单亲家庭的父亲、母亲的烦恼

文部科学省的专家会议于 2009 年 8 月公布了关于接受 2008 年度“全国学习水平测试”的公立小学 6 年级学生的学习水平和家庭经济状况的调查结果。一般来说，学习水平与学历成正比。反过来说，经济状况较差的家庭中，孩子的学习水平也相对较低，较低的学习水平往往直接反映在低学历上。如图所示，单亲家庭里父亲或母亲最大的烦恼“教育・升学”，远远超过其他，也充分地证明了这一点。经济状况不佳的父母如果认识到子女的教育和升学是个令人烦恼的大问题，能有如此烦恼还算可以挽救吧。

东京都江户川区福利事务所，以社会工作者为主的区政府相关职员们组织了“江户川初中三年级学习会”，每周两次免费辅导初三学生学习。在过去 5 年里有 123 人参加了这个学习会，其中考上公立、私立全日制学校的有 74 人，非全日制高中的有 44 人，函授高中有 5 人。59 名参加者，占总数 48%的学生家庭是低保户。这个学习会的代表德泽健介绍说：

“这些孩子不到这来的话以后不知道会怎么样。中学毕业就进入社会的话很快会遇到挫折，作为户主就有可能回到要靠领救济金生活的境地。所以我们认为，为了防止贫困的延续，至少要让孩子们读完高中。学习会就是基于这样的考虑建立起来的”。

参加“江户川初中三年级学习会”的学生成绩如果按照 5 分制算的话基本上都在 2 分左右，还有一些孩子根本不去上学。也有不少孩子高中辍学后觉得“还是想上高中”而来到这里。每年都有几个孩子连九九乘法表和英文字母都不会写，还有些孩子连自己家地址的汉字都不会写，也有不会读片假名的，他们的家庭环境和父母如何呢?

“这些孩子很多都来自单亲家庭，他们的父母和兄弟姐妹要么没读过高中、要么高中辍学。而且多以打零工为生，也没有时间和孩子相处，孩子们也不明白上高中的意义何在”。(德泽)

其结果是，很多孩子说“家里没有可以安心学习的房间，每天都要照顾年幼的弟弟妹妹”“自己要代替工作的妈妈做饭，不然就吃便利店的盒饭”“酗酒的父母会突然发作起来，所以就不敢回家只能躲在公园里”“虽然上了初中，但就吃了学校提供的午餐然后回家”。

家庭年收入与儿童学习能力的关系

这些学生的家长几乎都是初中毕业或者高中辍学，孩子们在这样的家庭环境下，别说好好学习根本无暇考虑上高中的事。很多孩子还有健康问题对将来根本不抱有希望。德泽叹息说。

“也许是因为家庭经济条件不好，或是对学校没有好印象，或是根本没意识到，不管家务事也完全不关心孩子学习的家长也不少。还有一些母亲因为离婚而患上精神疾病。家庭访

问的时候，发现有些家庭乱成一团，水槽里堆满了要洗的东西，还有些家庭连桌子也没有，乱七八糟的床铺是孩子唯一属于自己的空间。还有些母亲明明知道第二天就是孩子重要的期末考试或期中测试了，还照样让孩子陪自己去买东西”。

有些母亲拒绝出席会议讨论孩子的升学问题，这本该由家长、学生和班主任三方一起讨论的。这些家长本身也就是初中毕业。有些孩子的父母离婚后都离家出走了，只能被祖父母领回去靠低保过日子。正因为这些孩子的家长自己是低学历，所以也根本意识不到孩子的教育问题。

有补习学校为这些因为经济原因无法上高中或高中辍学的人提供免费的教育，目标是让他们通过高中毕业程度认定考试。曾做过老师的行方正太郎于 2008 年开设的夜校“萤雪义塾”就是其中之一。现在埼玉县川口市的培训班每周开办 2 次，有 15 人就读。两年期间共有 100 人次在此听课，年龄从 25 岁到 35 岁都有，其中 70%都是女性。学生大多数都出生于单亲家庭，20 岁之前就经历了结婚和离婚。

“有位 35 岁的母亲说自己和家庭暴力的丈夫离婚后靠救济金养活 17 岁的女儿，她自己的母亲也是高中就辍学了，几乎完全不能和人沟通。还有一位 25 岁的男性，父母都患有精神疾病，不得不由亲戚抚养，已经从高中退学了两次。”(行方)

工作人员里也有一位女性，父母离婚后谁也不愿意抚养孩子，兄弟姊妹三人在不同的福利机构长大读到高中毕业。父亲高中毕业，母亲初中毕业。

“萤雪义塾”的负责人行方正太郎本身也是被贫困的单亲父亲带大的。他小学和中学的时候因为学习不好而经常不去上学。听说母亲也是高中毕业，但在他上小学之前就离家出走了，父亲是地方大学中途辍学的，后来当保安之类的不停地换工作。

“我父亲从来没有督促过我学习。就连我因为偷自行车被训导的时候也什么话都没有说。进了新办的、谁都可以进的高中后学习跟不上，高一的暑假就休学了。刚上学的时候连英文字母都不会写，偏差值只有 35。后来想上专科学校，但听说只有高中学历才能上，就又重新读高中。休学后才明白自己的处境多么危险，要想有个工作好好活下去必须读大学才行”。

行方后来发奋读书考上了国立大学的教育学部，但这样的例子实在太少了。

“为了帮助那些像曾经的我一样无助的孩子，我开设了“萤雪义塾”。如果说是教育和学历使孩子之间产生了差距，那么能够消除这一差距的也只能是教育和学历。”

这次的采访使我们更明白地看到“父母贫困、经济实力差距→孩子受教育的差距导致学习水平低、学历低”的图示。这一“负的连锁反应”即使想否认也无法完全否认。

第9课　造成就业活动失调的“日本式的雇佣惯例”的幻想

新年过后，大学三年级的学生们就要正式开始找工作了。去年大学生的就业率低于60%，今年看来比这个数字还要低。其原因在于统一招收应届生，对此生气也好、示威也好都无济于事。这是日本固有的雇佣惯例造成的，不改起因，难易其果。

人事部门每年只有一次集中性地招收应届生，是日本独有的奇怪雇佣惯例。韩国曾经也有过类似的惯例，但亚洲经济危机之后，据说连终身雇佣制和年功序列制都消失了。大多数的国家都优先聘用经验丰富者，对应届生多以实习生的方式雇佣。一般由管理层来进行招聘的，注重专业的能力，如果无事可做的话被解雇也是理所当然的。

但是在日本由于解雇员工非常困难，所以录用正式员工有很高的风险。在大企业，担任综合业务的大学毕业生一生要领3亿日元工资，加上退休金、退职金达到4亿日元以上，所以大企业尽量避免录用正式员工，而采用合同工和派遣员工。担任综合业务的大学毕业生连续工作40年，必须可以胜任公司的各种职务，重要的是性格开朗、能够适应各种职务(或被派往子公司)，没有怨言、对公司忠心耿耿，并不需要专业技能。

学生们并不知道公司的诉求是什么，只能在招聘说明会上收集一些信息，练习简历的写法和表达能力。而公司的招聘其实是按照毕业学校筛选的，面试只是个程序，招到的很多学生应聘时表现很好，实际工作能力却很差。但是学生们还是对“不论学历，只要优秀”的宣传口号抱有幻想，涌向大企业应聘。

这绝不是说针对大学毕业生的招聘少。瑞可利职业研究所的调查表明，2011年大学毕业生的求人倍率(反映企业用人需求和大学生求职人数之比)为1.28，而员工300名以下的中小企业为4.41倍。问题在于招聘信息不平衡。例如最大的求职网站“rikunabi”招聘网登载招聘广告的费用为：四周100万日元，一年9次1 000万日元，中小企业根本没有能力在上面发布招聘信息。招聘和求职的信息不对称就这样产生了。

有人认为造成这个问题的原因之一在于“解雇限制”，其实日本有关限制解雇的法律并没有那么严格，甚至比经济合作与发展组织(OECD)各国的平均水平还要松。特别是中小企业经常会“整理解雇”员工，被解雇的员工与其提起诉讼还不如找另一份工作省事，所以很少发生劳资纠纷。外资企业则多是以不提起诉讼为条件，拿钱解决问题。

问题在于，由于以往的案例，劳动者受到厚待，所以大企业不想面对诉讼风险。关于“整理解雇”，如果企业没有破产就不能解雇员工的所谓“整理解雇4原则”成了定论，这是30年前高级法院判的案例。大企业如果大胆地挑战一下，也不是不可能出现更合理的判例，但最近只有日产和日本航空进行了“整理解雇”。因为人事部门害怕受到媒体的责难。

其结果是，大企业不敢解雇中老年的员工，就减少招聘应届生，负担压到了年轻人的身上，而大学生为了稳定要涌向大企业。但现如今这种不合理的雇佣惯例不可能维持到他们退休的时候了。如果继续采用只是性格开朗，没有任何专业技能的学生，企业的国际竞争力就会降低，经营也将停滞不前。像日航那样破产后，风险最高的就是那些在其他公司无法胜任工作的通用型工薪阶层了。该是从“日式雇佣惯例”的幻想中醒来的时候了，改革我们的人事系统，使之能发挥每个人的能力吧！

第 10 课　正视现实吧！大学生

——就业难将会常态化？

文部科学省于 11 月 12 日公布的调查结果显示，和前一年度同期相比，截止到今年 10 月 1 日的大学生就业内定率下降了 4.9 个百分点，为 57.6%，这也是 1996 年开始实施该项调查以来的最低值。由于日本的大学生招聘发生了结构性的变化，这种情况可能不是经济低迷期的暂时现象，而会成为今后的一种常态。

BBT 大学的田代秀敏教授将 1995 年至 2010 年每年 10 月 1 日统计的大学生就业内定率的变化情况制成图表，并将其和相应的 GDP 进行了对比。

除了“团块世代”（战后婴儿潮时期出生的人群）的工薪阶层相继退休的 2006—2008 年以外，受到经济持续低迷的影响，2000 年后的内定率依然停滞不前，大多低于 20 世纪 90 年代的内定率。田代教授指出：“其原因之一可能是企业将员工招聘由日本国内转向了企业发展很快的一些新兴国家。”

该教授还提到日本一家大型证券公司干部说过的话：“在日本开展业务很难赚钱，所以把总部业务迁到了香港。但因为日本国内还有很多客户，所以并没有向外界宣扬。”该公司不断地增加在香港和上海地区的中国员工的录用，而在日本国内则削减了新人录用。其他企业的干部也表示：“日本经济复苏的话，希望更多地录用中国员工，新人招聘不会只局限于日本人。”

录用向国外的转移并不仅限于此，优衣库所属的迅销公司以及乐天都公布在今年夏天将以英语作为公司内部通用语。

松下公司 2011 年春季应届生录用计划中，国内外录用总量比前一年增加了 1 成，为 1 390 人。但是日本国内的录用却比去年少了 210 人，仅为 290 人。而与此相对，国外录用人数则增加了 47%，达到历史上最多的 1 100 人。

而且，日本国内的 290 个招聘名额并不只是面向日本人。该社社长大坪文雄在 2010 年 7 月号的《文艺春秋》上声明：“将经过严格挑选，从国内大学应届生中录用 290 人，且不会拘于国籍，积极录用在日学习的外国留学生。”该公司制订的到 2012 年度的中长期经营计划（2010 年 5 月发表）中指出，将继续扩大在中国等地的业务，而这些新兴国家的人员录用也会随之增加。

日本人、从日本的大学毕业、仅会日语的大学生在求职活动中或许会成为一个不利的条件。田代教授提出了警告：“虽然有些残酷，但是必须正视这个现实，就是今后针对大学生的招聘可能会逐渐被取消。大学生应该及早地规划自己的职业、技能、学习目标，也可以将去国外找工作纳入视野。”

由于受到长期经济不振的影响，不能在短期内带来利益的 CSR（企业社会责任）、环境贡献活动可能会受到冲击而走向低迷。同样，不能马上为公司利益服务的应届生招聘也可能会被取消。无论如何，日本式的工作方式和就业形势所面临的阻力和困境还将会持续下去。

第 11 课　日本诺贝尔奖获得者的轨迹

瑞典皇家科学院在 6 日宣布将 2010 年诺贝尔化学奖颁发给开发出有机化合物的革命性合成方法的北海道大学名誉教授铃木章(80 岁)、美国普渡大学特别教授根岸英一(75 岁)、美国特拉华大学特别教授理查德・赫克(79 岁)三人。他们分别独立开发了以金属钯为催化剂，将 2 种有机化合物合成为复杂化合物的方法。这种方法被称为“钯催化交叉偶联反应”，而这在过去被认为是不可能的。这项技术得到了很高的评价，可以广泛应用到医药制品和电子工业领域的新物质合成中。日裔获奖者中，继 2008 年获得物理学奖的南部阳一郎(美国籍)、小林诚、益川敏英以及获得化学奖的下村脩，时隔 2 年再次捧得了化学奖。到目前为止，日本的诺贝尔奖获得者包括南部氏在内已达到 18 人了(医学生理学奖 1 人、物理学奖 7 人、化学奖 7 人、文学奖 2 人、和平奖 1 人)。

颁奖仪式于 12 月 7 日在斯德哥尔摩举行，届时 3 人将分享 1 000 万瑞典克朗(约合 1 亿 2 800 万日元)的诺贝尔奖奖金。

我们周围有很多东西都含有碳原子构成的分子结构，我们将其称为“有机化合物”。但因为碳原子本身非常稳定，所以不易发生化学反应。为了让其化学性质更加活泼，更易发生化学反应，并且尽可能避免在化学反应过程中产生无用的副产物，许多化学家都付出了相当的努力。

铃木教授在从美国留学归国后的 1979 年，发现了有机硼化合物在钯催化下可高效转化为目的有机化合物，此反应被称为“铃木偶联反应”。

根岸教授和赫克教授则在 20 世纪 70 年代分别发现了以钯作为催化剂使碳原子相互结合的方法，此方法的出现使不同有机化合物间的结合成为可能。因为东工大的沟吕木勉教授(已故)在 1971 年也做过一场和赫克教授所发现的“赫克偶联反应”同样的报告，因此也被称为“沟吕木・赫克反应”。

他们 3 人的研究成果使得医药品和化学纤维、液晶等材料的人工合成成为可能。由于“交叉偶联反应”所代表的有机合成化学领域中活跃着众多的日本科学家，因此该领域也被称为“日本的看家本领”。

第 12 课 立志成为一流寿司师傅的海外留学生激增

寿司，在国外被叫做“SUSHI”，是全世界都喜爱的代表性日本料理。在这样的大环境下，来到日本学习制作寿司的外国人正在急速增加。

位于东京西新宿的“东京寿司学校”成立于 2002 年，是全日本唯一一所培养寿司师傅的学校。据悉，普通的寿司培训需要 5 年以上的时间，但经过学校独立开发的课程能做到短时、高效地培养。虽说学校开设有一年制的寿司专业师傅培训课程，但在外国人中较受欢迎的还是能够利用旅游签证学习的短期速成“江户前寿司证书班”。

寿司学校校长福江诚表示：“在国外说到寿司，一般是卷寿司占主流，但近两三年来，希望学习日本正统的江户前寿司的外国人增加了。鉴于此，我们从去年开始增设了英语授课的课程。”

培训时间为 8 周，其间可以学习日本菜刀的研磨、鱼的切法并进行握寿司和卷寿司的实战练习。此外，还能学到幼鰶、康吉鳗等江户前寿司的处理方法。更能学到天妇罗以及炸猪排的制作方法等诸多内容。费用大约需要 85 万日元。在前阵子开课的课程中，有来自法国、英国、加拿大等国的 5 名学生。其中来自澳大利亚的奥黛丽是一名女性，有着 8 年意大利菜的主厨经验。

她说：“我认为寿司是一种健康食品，未来前景光明。我想作为寿司师傅工作三四年，将来当寿司店的老板。竹荚鱼的三片切等日本人细致的技术让人赞叹。”

为什么会特地来到日本学习呢？

福江校长表示：“因为在日本学习寿司技术将使自己的职业经验更上一层楼。在欧洲，寿司师傅的薪酬很高，几乎是东京的一倍。能收回投资（学费）的希望非常大。”

于上个月毕业的巴西小伙阿德里亚诺·世嘉泰将赴西班牙马德里的一家高级寿司俱乐部任职，他将作为首席主厨享受到很高的待遇。

他说：“捏寿司的关键在于形状和重量的完美统一，快速捏成且口感松软。今后，我将努力融合现代创意寿司与江户前传统寿司制作方法，根据客人的喜好制作寿司。”

看来，在全世界中似乎要诞生很多外国人寿司师傅了。

第13课　转职渔民的感叹“竟然能够邂逅如此充实的人生……”

如果还有来世的话，“希望做这样的工作”之类的想法至今为止应该出现过吧。今天，杂志的采访小组就将为各位送去脱离工薪阶层而成为渔民的一些人的深度报道。以下报告由记者高永昌也撰稿。内容包括现代日本再就业扶持情况以及那些体会到原先做白领时从未体会过“工作意义”的人们的感受。

他们捕捞带鱼、金枪鱼的幼鱼及成鱼、章鱼、虾等海产品。清晨4点出海，傍晚4点半回港。有时也会在船上度过数日。“不被任何东西束缚，就像在漫天的星光下野营一般”。

说这话的是深津利光(44岁)，出生于东京的江户川区，在度过了近20年的工薪族生活后，深津在长崎的五岛列岛成为一名渔民。他通过利用政府扶持渔民的优惠政策，脱离了工薪族。

11月20日，在“东京国际论坛”将举办招聘说明会，由“全国渔业就业者培训保障中心(03-5215-5690)”主办。此类说明会每次都会吸引超过200人参加。招聘单位有50～60家，通常在各展台面谈。30～39岁的人占参加人数的4成。50岁以上的人也有7～8人。若在活动现场有意成为渔民的话，就可以到渔港接受培训。

深津说：“虽然我之前没有去过五岛，但在东京的工薪族生活让我窒息。这一年我跟着师傅学艺。师傅教导我‘渔夫这活儿单枪匹马是干不成的’，大家一起喝酒，有不懂的地方他们都会教我。”

深津每月会领到15万日元。由于是单身，生活上也没有什么困难。

还没有等到我们的首相呼吁“第一是雇佣，第二还是雇佣”，日本的雇佣不稳定就已迫在眉睫。(非正式工)在这一年内达到了1 743万人，占到了就业者总数的近半数，年薪在200万日元以下的人数已逾1 000万。不时发生合约期未满就被迫辞职的解雇事件。

然而，一味地悲观也不能生出希望。各地都出现了一些向培训中心咨询后成为渔民的人。矢仓佳典(32岁)过去在制服生产厂和电话设备企业的销售岗位之间频繁跳槽，在经过半年的培训之后成为一名渔民。而后在南房总、富浦渔协成为一名小型埋网捕鱼的雇佣渔民，追逐着沙丁鱼、青花鱼、鲈鱼、竹荚鱼等鱼群。

“其实我不会游泳，原本有点担心，但从未想到能够邂逅如此充实的人生。在注意不要受伤的同时，我也正一点点学习着。在捕到黄尾鰤或是小金枪鱼等单价高的品种时，心情也会不由得兴奋起来。”

成为渔民有渔业扶持以外，其他各种职业也有相关的“再就业扶持”机构。大家可以到各地的就业指导中心咨询或是通过电脑检索。特别是独立行政法人“雇佣及能力开发机构”在各地举办的“下岗人员培训班”，申请者早已蜂拥而至。

第 14 课 “结婚的条件”

单身女性的战斗——围绕 0.4%高收入男性

首先请各位看一下根据野村综合研究所的调查结果计算出的未婚男性的年薪分布图。在 20～49 岁的未婚男性中，年薪不到 400 万日元者占 83.9%。在女性们理想择偶标准的 500 万～700 万日元年薪区间的人仅达 4.9%，而其中 30～39 岁的男性仅占 2%。年薪高的男性们早已结婚，而年轻男性的年薪却不足以支撑中层家庭经济。

即便如此，寻找结婚对象（婚活）迎来了单身女性对少数高收入男性的争夺战的局面。一本题为《“婚活”现象的社会学》（山田昌弘编著）的书中也曾提到这个问题，而今，出现了中央大学山田昌弘教授和笔者所提倡的“婚活”基本相反的现象。我们提倡的是对于结婚的两个意识转变。

（1）如今是一个自己不主动，就很难结婚的时代。

（2）现在已不再是丈夫单独支撑家庭的“昭和式结婚”时代。若不能接受夫妻双方总年薪一同计算的“男女共同参与型夫妇”的模式，结婚将变得很困难。

就结果而言，(1)的意识变化已经产生了，特别是女性开始积极地投身到婚活中。然而(2)的意识变化尚未发生，加之金融危机后对找工作的绝望，越是年轻的女性，越希望成为“全职主妇”。

然而能够接受这一愿望的男性却很少。看着前辈夫妻，领悟到“妻子的工作会决定家庭经济水平”的男性们明确提出“希望在结婚后能双双工作”。

也就是说，无论使用怎样的方法，“婚活的极限”已非常明了。希望能够被养活的女性人数众多，与之相比，有能力养活或是有养活妻子意愿的男性人数却绝对不够。要想结婚，女性自身就必须有“工作的心理准备”以及营造“可以工作的环境”。

不管怎么说，年薪在 1 000 万日元以上的少数单身男性追求者众多，使其有了无限选择的空间。却反过来“因为太受欢迎而离结婚愈来愈远”了。

在遇到某家婚姻介绍所的经营者时我打听道：“最近有和年薪 1 000 万以上的男性结婚的例子吗？”“似乎没有……”。婚介所理应有收入高条件好的男性，可是……

“在婚活浪潮中，许多年轻又漂亮的女性纷纷要求见面。导致男性们选择越来越多，最终很难决定……”

如今，50 多岁的男性希望对象 30 多岁，40 多岁的男性则希望对象 20 多岁，而且还必须拥有模特般的长相……就这样，男性们将对象的门槛越定越高。

然而，他们既不属于“金龟”，也不属于“经济适用男”。使用婚介服务的人大多稍欠“恋爱能力”。因此，虽然见面的请求收到很多，但并不一定都能顺利走下去。

“觉得条件不错才见面看看的……但您岁数还是稍大了”，也有如此被拒绝的人。因此只是一直重复地相亲，总是定不下来。

就连婚姻介绍所中的男性都是这样的情况，那么在六本木新城的高薪单身男性们又会如何呢？

“仅去年一年就拿到超过 300 位女性的邮件地址”。

说此话的是内山君（化名，36 岁，IT 企业家，年薪 1 200 万日元）。与创业伙伴一起参加的相亲联谊或派对每周就有两三次。地点在伙伴居住的六本木新城或东京中城等地。一起聚会的有 20～35 岁的艺人、模特、女主播、白领和女大学生。都是“对容貌极有自信”的女性。然而，无论见到谁，内山都没有来电的感觉。

“女孩子们都变得和优衣库一样（千篇一律）了，虽然都很可爱、时尚，但每个人看起来却都一样。我们将这些女孩子称为‘上市的房产’”。

据称，28 岁以上的女性“开始对找对象急功近利，非常可怕不敢接近”。年纪相仿的社长组成了一个协会，“总共 150 人当中单身汉不超过 5 个人”。大部分人都是已婚，但“有许多女性都错误地认为单身的社长有 100 人”。现在，就连内山君也已经有了一个比他小 10 岁，今年刚通过司法考试并正式开始工作的女朋友。

“她还是学生时我们就相识了，她虽然并没有引人注目的容貌，但非常聪明、值得尊敬。我是想和她结婚的，可是她说才刚刚开始工作，想等到 30 岁以后再说”。

想娶她为妻的契机是两人某次散步时发生的一件小事。当时，一个提着重物的中年女性正在下楼，她马上跑到跟前说：“我来帮您吧”，随即帮忙拿了东西。内山就在那个时候心动了。

内山还说，不缠着人要东西，也不只是想着让男性请客，她的这些地方也都很不错。第一次拿到工资以后，还在高级法国餐厅花 10 多万日元请内山吃了顿饭。

但是，要是还有相亲联谊邀请的话内山还是会去的。女朋友也说：“你即便出轨了只要回到我身边就可以”，而长相英俊的内山经常被当作“联谊诱饵”吸引女性。这也是商务交往的一部分。

“男人成大器，必须有贤内助”，内山君的社长朋友石田（化名，38 岁）如是说。石田 18 岁创业，25 岁成功，公司曾一度破产，目前他是在东京第二次创业。

“我知道许多与奢侈女性结婚后事业衰退的社长。想喝高档红酒，要买手表，要买房子……要求逐渐升级，不管有多少亿家产也经不住这样败家。”

虽然现在还没有女朋友，但石田也正认真地考虑结婚的问题。

“但是，在我请客后连‘谢谢’的消息都不发的女性立刻就会淘汰。我不喜欢只知道用名牌包的女孩子”。

如果把家庭开销给了她之后马上用得一干二净的人也不合适。在公司出现问题的时候悄悄拿出私房钱来的女性比较好。即使年薪仅 100 万日元但有存款意识的人比较好。然而，参加相亲联谊或派对的却往往是一些“想要靠男人”的女孩子们。

“不是男性自己成为有钱人，而是女性让男性成为有钱人。30 多岁的女性能够抓住社长的可能性微乎其微。比起参加相亲联谊，还不如找到一个未来社长的潜力股用心扶持，将他造就成一个真正的男人。”

石田的理论是，女人的眼光不能局限于现在的舒适生活，能看到十年后的女性才能够真正成为有钱人的妻子。这也是他经过多次惨痛经历后得出的教训。

“我是在年薪350万日元的时候结婚的。在创业伊始还背了债，那时候我老婆比我能赚很多呢”，另外一家公司的社长林先生(39岁，年薪1 200万日元)如是说。他在33岁的时候结婚。原来的想法是没有立业之前绝不成家，但当时女朋友的父亲生病入院，探病之后没多久就身故了，这便成为了结婚的契机。

夫人现在正在家照顾孩子，但仍然在家里做一些自由职业的工作，是一位非常自立的女性。“不成功就不结婚”的想法，现在想来不过是个借口而已。

“有了家庭之后就会有拼搏的动力。她是一个度量很大的女性，有梦想的男人可以成为孙悟空，在如来的掌心任意施展。”

婚活风潮中，年薪600万～1 000万日元左右的未婚男性已迎来“泡沫人气期”。现在的婚活市场中，众多女性抢夺少数对象的情况愈演愈烈。然而，也因为如此，男性们不知该如何选择，最后导致很难结婚。又因为他们一直单身，因此对他们仍抱有期待的女性们也会一直未婚。婚活风潮中，或许这些人会因为这一系列的连锁反应成为新的牺牲者。

第 15 课　高薪也有危机感！

——让妻子变身为补贴家用的战士的方法

目前，我国正在经济不景气的谷底，奖金缩水自不用说，就连减薪也并不少见。那么能否让参加工作的人多起来呢？对，家中尚有被称为“全职主妇”的潜在劳动力。如果继续埋没，就只是“不良债权”，若能让其外出打工，则将变成贴补家用的战斗力。

内阁府《平成 20 年(2008 年)版男女共同参与白皮书》显示，90 年代后半期开始，双职工家庭数量超过全职主妇家庭数量，在 2007 年，全职主妇家庭 851 万户，双职工家庭1 013 万户，两者差距仍将继续拉大。也就是说，双职工家庭极其普遍的时代已经到来。

生活在东京郊外的冈村幸子(化名，31 岁)结婚已是第 7 个年头了。育有两个小孩，一个 5 岁，一个 7 岁。丈夫是公司职员，税后工资 24 万日元。在结婚第三年，幸子希望“将孩子送去保育园 3 年，并且能去学习一些技艺(比如茶道花道等)”，于是她在就近的饮食连锁店开始了服务员的兼职。

一星期中，工作日工作 2 天，时间是丈夫回家后的晚上 9 点到半夜 12 点，双休日中有一天要从早上 9 点工作到下午 3 点，每月收入 4 万日元。之后，又增加了工作时间，月收入达到 6 万～7 万日元。但不能再增加工作时间了。“一方面不想超过 103 万的限度(兼职免税所得上限)，另一方面工作天数增加之后，碰到小孩子突然发烧等情况时不能临时请到假。”

在幸子兼职的日子，“我丈夫就会做午饭、洗碗、洗孩子的拖鞋等，真的帮了我很多”。在夫妻拌嘴时虽然丈夫也说过，“你每个月也就赚这么点钱”，但那时我也有话可回，“但没有了我你还不行”。幸子笑着说，“自从我出去兼职之后，能对丈夫说的话越来越多了”。

也有女性感受到了作为全职主妇的“压抑感”。川村理惠(化名，35 岁)，丈夫(45 岁)供职于一家外企，这对在东京郊外拥有独栋住宅的夫妇育有两个子女，分别是 3 岁和 8 岁。虽然丈夫的年薪有 1 000 万日元，“但我丈夫每年都害怕被裁员，并且有心理准备，恐怕在现在的公司待不到 50 岁”。

理惠在 8 年前结婚，“当时希望自己能有些零用钱”，所以就零零碎碎地找些在便利店或是分发小广告等短期兼职来做。最近，理惠利用自己擅长的钢琴才艺做起了儿童音乐教室的兼职老师。“上课需要准备的时间，所以换算成时薪来说并不高，但我想做一些能用到自己技能的工作”。在每个周末的白天上一节课，每月月收入 2 万日元，用来做家庭旅行的资金。

“其实我希望能够每月赚 8 万日元，现在的主妇在对待家务上都有些马虎，所以空余的时间还是有的，但如果小孩生病了就只能由我来照顾，考虑到这点就不能做排得很满的兼职”。在丈夫的体贴中，她最开心的还是“精神上的支持及话语，希望他承认我并不只是一介全职主妇。全职两个字太沉重了。但我并没有打算超过 103 万日元这一上限，这样自己也不用交年金的费用”。

像理惠的丈夫那样即便是高薪也仍有危机感的男性不在少数。不过话说回来，在外资的金融机构中任职的话，年薪达到几千万日元也并不少见。即便如此，有些家庭已经因为丈夫的危机感而使妻子成为补贴家用的战斗力。

在许多家外资金融机构任职过的吉原郁夫(化名，46岁)，结婚已经是第13个年头了，和妻子(36岁)育有两个孩子。每月会固定储存养老资金10万日元与教育资金10万日元(2人份)。价值5 000多万日元的独栋住宅贷款每月要还32万日元。也只有年薪达到2 000万日元的人才能应付过来。吉原在4年前调换工作后收入减少了，即便是高薪的职位也并不稳定。危机感日益增加的吉原就积极地劝妻子出去兼职，原因是对于吉原一家来说是死任务的每月20万日元的储蓄也开始变得困难了。“早上，我在公司亲眼看到有好几位同事被通知说‘不用来上班了’”，正因为有此经历，恐惧感也比别人多一倍。

妻子极不情愿地开始了看护的兼职工作：“参加资格培训讲座花了8万日元，买了用来做交通工具的电动自行车又花了好几万。兼职的时薪800日元，每月也就挣1万～2万日元。我怀疑这份兼职能否把这些投入收回来。”

结果，在维持了一年后，吉原夫人的工作没有了。而此时吉原自己则成功地跳槽到了另外一家外资的证券公司，收入高的时候包括特别奖金在内，年薪可达近4 000万日元。当然，随之而来的代价是“从早到晚埋头苦干”。为了消除这极度的压力，每个月20万日元的零花钱用来喝酒和玩乐，一下子就花光了。

然而，金融危机的时候年薪又骤降至1 500万。存到现在的养老资金和教育资金有一半都被拿去做投资信托，最后缩水得只剩下六分之一了。未来是否能在公司继续待下去也是未知数。一直以来所担心的危机还是降临了。当吉原表示放弃让孩子们进入私立中学读书的想法时，一向赞成读私立学校的妻子又开始了在图书馆的兼职工作。每周两三天，每月收入3万～5万日元。

最近，他开始承认养老资金的一半都是由妻子的收入来支出的。“前阵子，我对妻子说，‘你真的帮了大忙了，谢谢你’，妻子听后非常的高兴。双休日我也会让她多睡一会儿”。

第 16 课　在妻子拥有工作后渐渐改变的夫妻关系

在西日本某座小城市生活的竹田昭子(化名，44 岁)，在结婚第 8 年时开始了在快餐店的兼职。“比起一直在家里待着，我更想出去工作”。

开始是工作日的白天去三四天，每月有 4 万～5 万日元的收入。两三年前，在最小的孩子升入高中之后，昭子便每周去 5 天，每次早上 8 点到下午 4 点。如此一来，每月的收入超过 10 万日元。兼职在不知不觉中也已进入了第 14 个年头。“在和年轻同事聊天的过程中，我也知道了自己孩子的想法。最近，我孩子也开始一起打工，他说，‘我终于知道爸爸妈妈的辛苦了’。听他这么说，我非常高兴”，昭子边笑边说，“作为外出兼职的主妇，并没有想要怎么样，但还是想听到丈夫说，‘你现在很有活力呀’或是‘你看上去很开心呀’之类的话。”

如此说来，要想让妻子们为家里挣钱，就对她们多说些感谢和慰劳的话吧。这些不需成本却非常有效。认同她的工作、赞扬她、听她发牢骚，并在妻子交代前就帮着做些家务。

人与工作研究所发布的《平成 21 年度(2009 年)兼职者白皮书》中显示，过半数的妻子“听到慰劳、褒奖的语言”之后，就会觉得自己的工作得到了认可。相反，赚钱的金额以及工作时长的问题则是禁区。特别是幼小的孩子会成为妻子们兼职的障碍。希望丈夫们能偶尔利用带薪休假帮助妻子照看孩子等，大力支持妻子。

然而若让全职主妇过度补贴家用，也会有意想不到的问题发生。在某制造商任职的岛田义男(化名，45 岁)结婚已是第 16 年，有两个上初中的孩子，妻子在孩子到幼儿园去的时候就在附近的花店兼职，每月能够挣到将近 6 万日元。对于当时税后只有 20 万日元的岛田先生来说，是不可或缺的收入。

几年前，岛田先生跳槽后年薪增至 970 万日元。另一方面，妻子则凭借自己的教师资格证得到了一份教师的工作。岛田说：“税后应该有超过大约 30 万日元的收入，详细情况不太了解。”去年，因为孩子教育的方针发生分歧，夫妇两人连续数日一直吵架。“我妻子还说过这样的话，‘如果说每件小事都要这样争吵，那我就带着孩子离开这个家’”。

就在纷争看似平息的 3 月的某天，岛田先生接到一个电话，一个自称是房产中介的人问“请问您夫人在吗?”。当岛田用奇怪的表情看着小声接电话的妻子时，挂了电话的她这样开口了：“既然你已经知道了，那我就告诉你。我想要买间公寓。孩子们也说跟着我。”面对随着财力增加，行动能力也大大增加的妻子，岛田先生顿时语塞。

妻子在拥有工作后，夫妻间的关系将发生变化。如果忽视这点继续以原来的关系处理，最终就会弄得一团糟。妻子经济能力的提高的确能够补贴家用，但一不留神也有成为暴走怪兽之虞。丈夫们要记住，经济能力可以转换为话语权，甚至也会成为破坏力。

第 17 课　使用间伐材铺路 为环境做贡献

有一种铺路方法，不需要使用沥青和水泥，只需要木质薄片即可。选用有益环境保护的间伐材，将其制成约 1 厘米左右的细长状木屑，再用天然凝固剂加以凝固，这种天然凝固剂非常安全，即使误舔了也不会有事。除了被用于公寓的花园、大学校园以及公共设施、公园等处外，为了建设可持续发展的城镇，目前正在努力推广使用于一般人行道。

这种铺路方法被称为“间伐材木片铺路法”。其做法是利用从海水中提取的氧化镁为主要成分的凝固剂将从山上运回的碎木片（扁柏或是杉木）与土、沙、水混合，然后凝固。颜色调整时也使用 100%树皮的粉末，充满木材清香。从头到尾坚持选用天然材料。

该产品是由 P-bran 公司（埼玉县白冈町）研发。公司社长柴山利幸表示，公司一直致力于产品使用结束后的处理，“因为所用材料都最终会归还大自然，即使有一天需要拆除路面，也不会产生有害垃圾”。

凝固剂含有与修建万里长城时使用的黏合剂类似的成分，时间越久黏性越强。然而，在车轮驶过后会留下碾痕，因此并不适合铺设车道。由于木材特有的弹性，因此非常适合铺设人行道。

木片铺路由于是多层结构，能够瞬间吸收水分。不仅不易积水，并且能够防止水汽渐渐蒸发而引起的热岛效应，目前步行街和公园采用此种铺路方法。

公司所在地埼玉县，与繁华都市毗邻，三分之一的面积都是森林。为了促进保护森林的间伐活动，公司将该县生产的间伐材定为木片的原料。

推进这一项目执行的是柴山在 2009 年创立的“间伐材木片铺路协会”。该协会目前有企业、森林联合会、大学等 12 个团体参与，开展间伐材木片铺路法的研发与推广活动。协会还开展独特的教育课程，其中包括去森林里爬树等体验活动。

该协会正在完善木片量产的体制，并积极参加到公共设施及普通人行道等的市政工程之中。2010 年，在山口县萩市的国家指定公园内，通向自然保护树木的小道便是采用了木片铺路。公司未来也将继续秉承减轻环境负担的理念，努力将木片铺路法推广到公共人行道。

柴山社长表示：“日本的风景从我父辈那时起就有了翻天覆地的变化。我不认为那些渐渐疏远了自然的城镇景象会一直持续到我们的子孙辈”，因此，他将增加木质道路的事业定位为“为将来一代人而开展的事业”。

第18课　大量供给伴随的处置和遗弃……
宠物行业的构造问题

枥木县发现了大量犬尸。该事件发生后，警方逮捕了一批曾在宠物店工作过的男性。同时有人指出，其事件背后存在部分宠物从业者饲养粗糙、性质恶劣等结构性的问题。

10月末至11月初，警方在宇都宫市鬼怒川岸边发现了45具犬尸，那珂川町的山林中发现了27具犬尸。县警察局认为，该县2名分别为30多岁和20多岁的居民，因接受爱知县某宠物饲育商的委托，处理了这些宠物。目前正以违反废弃物处理法等嫌疑对两人进行调查。

被发现的尸体都是小型成犬，其中雌性大多有多次生育的特征。7月份，在枥木县三个市分别又发现六七只被遗弃的犬只。这些犬患有疝气、癌症或丝虫病，很可能是宠物商的饲养环境恶劣所致。

从枥木县事件开始，全国范围内的犬只遗弃问题陆续浮出水面。10月中旬至11月上旬，佐贺县共发现18只被遗弃的马尔济斯犬。在群马县高崎市，4月有3只，8月有8只被遗弃的犬只。

日本动物福利协会枥木分部的川崎亚希子分部长担心："如果不改变销售结构，同样的悲剧还会重演"。现在，玩具贵宾犬、吉娃娃和迷你腊肠犬等很受欢迎，在大量供给的同时也会造成卖剩下的狗以及狗妈妈被处置的情况。

川崎女士解释，良心宠物繁殖商会让种狗在3岁前生育幼犬，剩下的寿命约为10年。枥木县内一位饲养了100多只宠物犬的男性饲育商说："照顾卖不出去的狗到其寿终正寝负担太大。我们每月光饲料支出就超过10万日元。很多人负担不起这笔费用。"

据环境省统计，2012年度带到保健所等部门杀掉处理的犬只有约3万8 000只。自去年9月动物保护法修订后，自治团体开始拒绝同宠物业者进行动物交易。环境省表示"只是部分业者将卖剩下的狗随意带到保健所处置，我们的宗旨是让业者将终生照顾宠物的方针贯彻到底"。也有人指出，不良商家只是将处置换个形式，由杀掉改为遗弃罢了。环境省回应："现在只能通过都道府县相关部门的突击检查来掌握不良商家的情况了。"

但是，全国登记在案的宠物店和宠物饲育商共有2万2千家，仅枥木县就有约400家，而在县内担任突击调查的职员却不到40人。

在欧美国家，专门设立了机构负责繁殖业者的调查和监督工作。该机构被称为"动物警察"，一旦发现相关业者在对待动物方面有问题就可以立刻检举。部分机构还拥有逮捕权。

在日本国内，兵库县警从今年1月起开设了"动物警察热线"，专门接听与动物相关的通报电话以及与动物相关的商量电话，全力取缔虐待动物的行为。

住在京都市的女演员杉本彩女士参加了要求设立动物警察的签名活动。她认为"在发达国家中，恐怕只有日本还没有建立该系统"，强烈呼吁引进该系统的必要性：

"这次事件只是彻底暴露过去埋葬在黑暗中的现状。国家如果不采取行动，同样的悲剧还会重演"。

第 19 课 “拘禁护理”公寓

入住者半数经综合医院介绍

在东京都北区的老年公寓发生“拘禁护理”问题后，该老年公寓半数以上的入住者均通过都内大学医院等数家综合医院介绍的事实也浮出水面。其中一些医院在接受朝日新闻采访时承认确实有介绍过，但均表示“不知道存在拘禁问题”。

根据与该“老年公寓”有合作关系的医疗法人的内部资料及相关人士的证词，接受医院介绍的老年人首先转至医疗法人的诊疗所。原则上在经过一至两周的“入住审查”后，绝大多数住进诊疗所附近的 3 栋公寓。

朝日新闻采访了 6 家介绍入住者较多的都内医院。这几家医院都正致力于借助看护和社会福利师等专业人士的力量，保障患者出院后也能得到良好看护。

6 家医院里，有 2 家医院承认介绍了该老年公寓给患者，他们称只是想为其提供出院后能够安居的一个备选设施。“我们只是把信息提供给那些想住进廉价养老院的老年人”。

此外，其他几家综合医院称只是介绍了可以转院的诊疗所，并说：“（公寓内部）作为出院援助的一环，我们曾数次访问过出院患者的居室，但从未参观过整栋公寓”。

这 3 家医院均表示“不知道存在拘禁问题”。

除此以外，包括大学医院在内的另外 3 家医院均以“保密义务”“事实尚未确认”等理由未作回应。

据医疗法人内部人士介绍，医疗法人的“医疗合作负责人”经常去都内的医院进行推销，希望医院能介绍患者入住公寓。

该医疗法人接受采访时给予下述书面答复：“将患者及入住者介绍给我们的（中略）医院医生和医疗社会福利工作者们对我们评价很高，得到‘（中略）提供超过标准水平的优质服务’的好评”。

东京都已就此次拘禁看护问题，依据看护保险法对医疗法人的访问看护事务所等处展开实地调查，努力尽快揭开真相。

“大医院介绍的，靠谱”

经某家综合医院介绍，将超过 90 岁高龄的母亲送进老年公寓，却遭受拘禁看护的女士悔恨不已，后悔当初觉得“大医院介绍的，所以靠谱”。

其母于去年 4 月因患脑梗死倒地，在综合医院住院约 3 个月。在开始接受康复治疗后，立刻接到 2 周内出院的通知。该女士请医院的社会福利师介绍别的医院，但得到的建议却是“就算是其他医院，住上 3 个月也要被赶出来”，以“既有医疗和看护，又能长期居住”的理由推荐入住了该公寓。

母亲被安置在狭小的房间，一直卧躺在围着栏杆的床上。该女士表示：“心中充满了对母亲的歉意。我要向医院讨个公道，为何要介绍如此环境恶劣的设施给我们？”

（日本医疗社会福利协会佐原真知子会长的话）出院援助仅止于家里和养老院是不行的。医院要多和患者及其家人联络沟通，与看护支援专业人员及地域统括支援中心等合作，承担起密切关注患者出院后生活的责任。在介绍相关养老院时更应谨慎对待，查清从地区福利相关人士获取的信息。

第20课 高野豆腐 饱含蛋白质、维生素矿物质 有益减肥

低糖分高蛋白质，富含优质营养的“高野豆腐”如今备受关注。镰仓时代，作为在高野山修行、游学僧侣们摄取珍贵蛋白质来源的“高野豆腐”，是始祖级的日本超级食品。

一块高野豆腐就可以补充人体容易缺乏的营养元素，其理由是什么。身兼营养管理师和料理研究者的浜本千惠是这样解释的：

“凝缩豆制品营养元素的高野豆腐富含优质植物性蛋白质，钙、铁、锌等矿物质和维生素元素。其中，蛋白质含量更是无与伦比，一块高野豆腐的蛋白质含量超过一杯牛奶。蛋白质是制造随年龄增长而减少的肌肉及血液所不可或缺的营养元素，也是日本人体内极易缺少的。另外一个魅力在于富含女性必需的钙、铁等物质。所以最好养成每天都吃的习惯，当然每两三天吃1次也同样有效”。

此外，高野豆腐的氨基酸含量适中，不仅能强身健体，由于其燃烧脂肪氨基酸（赖氨酸、脯氨酸、丙氨酸、精氨酸）含量高，还益于节食减肥、预防和改善肥胖等生活习惯病。

“高野豆腐含有能够降低胆固醇和甘油酯的卵磷脂和大豆皂苷，是中老年人群维持健康和体形的必备食材”。

对女性而言，也应多多摄取高野豆腐。

“人体新陈代谢所必需的钙、锌、维生素元素既能有效去除旧细胞，令皮肤焕发光泽，还能减轻毛发变得稀少和掉落症状，让头发重现活力。另外，铁元素能让皮肤变得粉嫩细腻，改善寒冷体质。因此，高野豆腐是女性身体必需的元素宝藏”。

不仅如此，高野豆腐中含有大豆异黄酮，其功效类似女性荷尔蒙，能调理荷尔蒙分泌紊乱，是迈入40岁、担心更年期各类症状的女性同胞的强力后援。

具有“价格便宜易购”“单独食用也能达到营养均衡”和“短期内便能减肥”三大特点的高野豆腐，也是横滨土田医疗诊所院长，即治疗肥胖症权威、医学博士土田隆先生极力推荐的减肥良方。

据说只要坚持吃两周，就能健康减轻6%的体重。

“总之先坚持将两周的晚饭改为高野豆腐，吃几块都可以。50公斤减至47公斤、60公斤减至56.4公斤，体重确确实实能减轻6%。而且，由于富含增加肌肉的蛋白质，不用担心因控制饮食导致的代谢低下。不过，光摄取蛋白质不会增加肌肉，配以适当运动提高代谢速度，会更加有效。”

减肥中的食量和排便次数也会减少，因此，充分补充水分是短期内取得减肥成果的关键。

另外，土田认为高野豆腐能让身体更富韵律，肌肤更加美丽。

“高野豆腐的一个特点就是消化吸收快。如果睡眠时胃里还残留着食物，会影响睡眠质

量，第二天早上也会没有食欲。如果不吃早饭，血糖值也不会上升，这将影响一天的效率。反之，快速消化有利于第二天早上排便，增强食欲，调节肠内环境。高野豆腐所含的氨基酸和维生素元素也更易于吸收，使皮肤更健康，头发更美丽”。

第 21 课　ECO 配送公司开设“女性店铺”发挥女性特长强化企业

利用自行车和“近乎纯人力”来提供配送到家服务的 ECO 配送(环保快递公司)(东京港区)于 10 月末在东京西新宿开设了“帮助女性就业的模范试点店铺”。片地格人社长在介绍公司战略时说，未来目标是 1 万家客户，年配送包裹数突破 1 000 万，在确保企业可持续成长的同时，积极广纳各类人才。

2007 年，曾在运输公司工作的一批员工创办了 ECO 配送。该公司通过统一包裹大小、仅在东京、名古屋和大阪设置集散中心等方式，实现了廉价配送。配送费从 390 日元(不含税)起，比一般配送费用便宜近一半。

该公司优势不仅体现在价格上，通过利用自行车，对二氧化碳减排也贡献颇多。

该公司有 7 成左右包裹通过自行车配送。如果配送地较远，会利用摩托、汽车和公共交通等方式。即便如此，通过其他碳补偿项目实现了二氧化碳零排放。

另外，公司会给顾客颁发“年度二氧化碳减排证明”，通过定量数据告知顾客每年给环境减轻了多少负担，提高顾客的环保意识。

ECO 配送的“ECO”是指“Ecology(环境)”和“Economy(经济)”。片地社长如此说明公司的优势：“城市配送复杂如同毛细血管，用自行车最合适。重要的是如何减少无用功，提高配送效率。通过自行车配送，可降低成本，又有利环保。”

据悉，90%以上的顾客都是因为“便宜”选择了 ECO 配送，考虑到“减轻环境负担”的人尚不足一成。不过，片地社长说：“每年因环保而选择我们的人越来越多，相信人们会渐渐觉得‘ECO 配送真酷！’。”

帮助单身母亲

随着电子商务的发展，物流行业的货物量正大幅增加。ECO 配送也与大型网购公司合作接受配送货物的委托。片地社长信心满满：“我们的目标是在今后 10 年内将配送的包裹数扩大 10 倍。”

另一方面，物流行业正面临劳动力严重匮乏的问题，如何确保人才成为紧要课题。在这样的环境下，该公司在西新宿开设了“帮助女性就业的模范试点店铺”。

从“定时带薪休假制度化”“过期带薪年假制度”到支持创业的“独立支援制度”，ECO 配送制定了一系列完善的帮助女性自立的制度。西新宿店暂时招聘了 6 名员工，未来目标是招聘 100 名。

片地社长认为：“自行车配送无须驾照，又因缩小了包裹的体积，女性做起来会更轻松。我们的目标不仅是帮助女性经济独立，也想通过不断起用女性来助力人才确保”。

他还希望“通过这些能帮助单身母亲解决育儿和工作的两立难题”。

据统计，日本现在有 108 万名单身母亲，算上准单亲母亲将超过 400 万人(2010 年总务省调查)。母子家庭(20～64 岁)的相对贫困率接近 60%，单身母亲的处境十分严峻。

片地社长提到："有孩子的女性会变得坚强，会认真努力地工作。她们也有梦想，我想帮助她们实现。在人才极度紧缺的环境中，雇佣单身母亲也是合情合理的"。

该公司计划在将来积极聘用女性担任公司高管。

片地社长说："最理想的状态是正式聘用全体员工。今后将努力创造能够安心工作的环境和高度自由的雇佣制度，继续广招女性及残障者等多类人才"。

第 22 课　日本新干线能否顺利打入印度市场？

全球的高铁销售战已进入白热化。尤其是在印度莫迪总理热切期望引进的 7 条高铁路线上，日本、法国、德国、中国等的竞标之争也愈演愈烈。

7 条路线中日本最有可能中标的项目是"孟买—艾哈迈达巴德"线（约 520 公里）。该项目起初由法国某咨询公司进行可行性调查，如今却由日本和印度共同进行调查。由此看来，日本企业中标的可能性已经增大。

印度高铁项目逐渐清晰

整个调查预计于 2015 年 7 月结束。其间，曾为空想的印度高铁项目的具体构想逐渐清晰起来。

10 月 22 日，高铁国际会议在印度首都召开。印度、马来西亚、新加坡、美国、澳大利亚等争相输出高铁的各国运输部门官员展开了热烈的议论。其中最引人注目的是印度联邦议会名誉议员 N.K.辛格的发言：

"要尽可能控制高铁的票价。""有没有能够减轻运营风险的商业模式？"

其他国家代表的发言始终围绕着引进高铁对经济发展和环境改善的作用，而辛格议员的发言直指资金和经营方面。

引进日本技术的中国台湾新干线于 2007 年开始运营。"台北—左营"（345 公里）的普通票价为 1 630 新台币（约 5 750 日元），是日本东海道新干线"东京—名古屋"（366 公里）特快票价 1 万 1 090 日元的一半左右。考虑到日本和中国台湾的物价及交通部门间的竞争等各类因素，无法单纯进行比较。日本的客户群覆盖面广，包含商务客户和集体出行的家庭，利用人数逐年扩大。而台湾新干线的运营公司到现在仍债台高筑，很难扭亏为盈。

印度的辛格议员担心的正是正式运营后的成本回收计划。在贫富差距悬殊的印度，如何设定票价将直接影响利用人数。印度政府估计"孟买—艾哈迈达巴德"的高铁项目预算约为 9 000 亿日元。考虑到运营距离仅为 345 公里的台湾新干线的总预算达到 1 兆 7 000 亿日元，调查结果也显示印度项目的预算很可能超过 9 000 亿日元。

凭借日元贷款　日本领先一步

日本面向新兴国家的融资制度中有低利息日元贷款制度。法国、德国等国家也有同样的支援制度，"但远不及高铁这类巨大项目所需的融资规模，只能依靠世界银行进行融资"（日本政府相关部门负责人）。日本在这一点占据先机。

但是，仅凭新干线和日元贷款的组合获得中标却绝非易事。日元贷款制度中有附加条款：该项目适用于低利率的"STEP"制度时，须同时使用一定比例的日本产品。总之，在采用国际竞争投标方式，让各国竞争该项目时，有可能无法适用日元贷款制度。

印度的辛格议员指出："如果有专门从事高铁金融方面的组织也行。比如亚洲正在组建的支援基础建设的开发银行。"

毋庸置疑，这正是中国主导成立的国际金融机关"亚洲基础建设投资银行"。该银行将于10月24日正式设立。从时机来看，应该是准备向印度高铁项目进行融资而开始设立的银行。

中国的举措不仅仅如此。据悉，中国和印度于9月达成协议，计划在印度成立"铁路大学"，培养铁路方面的人才。日本东京大学从今年起开始招收来自印度铁道部的年轻官员学生，但人数很少。中国正从资金和人才培养方面向印度展开攻势。

日本想要真正获得印度高铁项目，还必须从新干线性能外的其他方面进行强有力的宣传。

第 23 课　夏普液晶重建，暴露其电子零部件事业管理的疏忽

夏普通过开发智能手机的中小型液晶屏，逐步走向经营重建的正轨。但在其背后某处，从改革大浪中幸存的某事业部掀起了翻天覆地的大事。

“下半年度的经营计划处于‘如履薄冰’的状态，某个事业部门的小小破绽很可能对整个公司造成影响”。

10 月 1 日，夏普的高桥兴三社长在分发给全公司的今年下半年度经营方针文件里对经营前景表现出强烈的危机感。

“最起码要立刻纠正‘我们已经克服了危机’这类想法”。

高桥社长为何会发布如此让公司内部绷紧神经的文件呢？只要回首 9 月末就会立刻明白其缘由了。

9 月末发生的一件事，正是高桥社长之前提到的某事业部的破绽。

“非常抱歉。截至月末的入账情况非常不理想”。

据数位内部人士透露，就在上半年度即将结束的数日前，负责智能手机相机模块的电子设备事业部突然向公司高层提交了这样的报告。

报告具体内容是，本应从采购了大批相机模块的客户企业那里回收的数百亿日元之多的欠款，要由原定的 9 月底拖延至 10 月以后。

实际上，从 10 月末公开的上半年度业绩中便能窥得情况一二。上半年度电子设备的销售额约为 1 500 亿日元。下半年度的预期销售额为 2 700 亿日元，是上半年度的 1.8 倍。整个年度预计有 4 200 亿日元。

上半年度的实际业绩与下半年度的预期销售额之间相差甚远，即便考虑年末商机等季节性因素，也绝非正常的情况。

合并资产负债表中 9 月末的应收票据和欠款比 6 月末增加近 2 成，这也是上述情况所造成的。

事业构造改革落后的电子设备部门

“如此重要的事情为何现在才汇报？”

受其影响，当初预期的上半年度业绩计划已被彻底打乱。事业部直到上年度末结算前才汇报本应有的入账不翼而飞，碰到这种事，难怪公司高层会大发雷霆。

在现金存款等周转率低，需要尤为关注资金进出的状况下，公司高层应该检讨各事业部是否存在管理、监督疏忽的情况。

上述怠慢疏忽事件也暗示另一个更为严重的问题。比液晶事业落后很多的电子设备事业改革，已经开始拖经营重建的后腿了。

电子设备事业的相机模块占整个销售额的 7 成左右，其中约 8 成面向“iPhone”等美国苹果公司产品。

因此，为了摆脱苹果依存症，该事业部向中国的智能手机生产商提供与液晶配套的捆绑营销。可是由于价格方面一直谈不妥，或是计划装配相关部件的机种的投产中止等原因，营销始终不见起色。

初期预计的 150 亿日元的营业利润，在 10 月末时下调至 30 亿日元，其影响可见一斑。

但是，问题本质并不在于营销计划是否成功，而是整个组织抱着一定能够成功的设想，对事业部提出的销售和利润预测这笔糊涂账深信不疑。

失算的不仅是夏普，似乎还有金融机构。

2 年前，由于业绩大幅度恶化，夏普面临手头资金匮乏、企业债券偿还期限临近等问题，事态尤为严峻。三菱东京 UFJ 银行和瑞穗银行为帮助夏普经营重建，将原先在旧三和和旧富士银行工作的董事会成员编入公司高层，实质上控制并管理着夏普。

他们从内部密切监视公司状况，确保资金的迅速供给和经营重建。但现在电子设备事业接二连三地暴露各种问题，无疑证明了其监督管理形同虚设。

而正在此时，相隔两年，夏普将 4 至 6 月期的财务综合分析中，再次把对事业可持续性经营(going concern)这一悬案的顾虑从重要事项一栏中移除。

有干部表示，公司内部“开始洋溢着重建已经结束，我们又回归普通企业正轨这样的气氛”，但其实还没到员工和股东们能够放松警惕的时候。

第24课 轻感冒吃药会起反效果？该如何正确应对？

感冒药的副作用会让病症加重

又到了容易患感冒的季节。“总觉得浑身无力嗓子痛。可是也不能因为感冒就随意请假不上班”，很多人都有过这样的经历吧。

不过，靠吃市面上的感冒药来治疗，反而会让身体更疲惫，甚至会发烧等。据了解，这样的反作用会在感冒的早期治疗时出现。

《医生不会给家人的建议》(7 & i 出版)的作者、医学博士、“Cell Bank”公司(东京都港区)常务董事北條元治先生示警：

“市面上的药和医院的处方药都无法根治感冒。八成的感冒症状都是因腺病毒和感冒病毒等病毒在人体内大量繁殖造成的。同治疗流感一样，世上还没有真正可以消灭感冒病毒的药。因此，以缓解发烧、咳嗽、流鼻涕等症状为目的的疗法，才是治疗感冒的基本思想。尤其是市面上的药，都是由针对各类感冒症状的配方调制而成。轻度感冒时吃的话，很可能产生强烈的副作用，适得其反。”

感冒药中包含治疗各类症状的药物，比如治发烧的退烧药，针对流鼻涕的抗组胺药剂和针对咳嗽的止咳祛痰药等。市面上的药大多是由抑制数种症状的配方调制的。

如果真的患了感冒，服用这些药物可能会立竿见影。但只是“浑身乏力嗓子痛”这类轻微症状，吃药很可能产生副作用，易引发“疲劳加重”等身体不适。

“治疗初期的感冒，应注意保暖，不要让身体着凉，多吃易消化的食物，确保充足的睡眠。如果身体着凉，免疫力就会下降，病毒容易从黏膜侵入体内。另外，易于消化的食物是维持体力不可或缺的，最好是碳水化合物。米饭、味噌汤再配上小菜的日式简餐对治疗初期感冒特别有效。”(北條)

忌食油腻，忌吃烤肉

压力大、睡眠不足的商务人士，免疫力容易下降。话虽如此，把工作丢一旁确保睡眠时间也并非易事。既然如此，可以考虑多穿一件内衣保持体温，或吃日式简餐预防感冒。

不过，如果感到“浑身无力”时，有人会大吃特吃一顿来提精神，但这只会适得其反。

“增加肠胃负担会使消化吸收能力减弱，体力和免疫力也会下降。感冒初期不宜大吃特吃烤肉。碳水化合物容易转化为能量，有益于维持体力。适当吃些日式套餐能提高自身免疫力，感冒也好得快。”(北條)

身体健壮的人，感冒一般3天左右就能好。不过抵抗力弱的话，感冒只会加重。这时，市面上的药或医疗机构的对症下药才奏效。

“最要警惕的是因感冒病毒增殖引发抵抗力下降，感染其他细菌引起‘肺炎’。这称作二次感染，危险且致命。3 天过后症状反而加重，或感到不对劲的时候，务必请去医疗机构就诊。儿童和老人会因发烧引发脱水症状，也会危及生命。商务人士也要注意补充水分，预防肺炎和脱水”。

皮肤粗糙是易患感冒的证明

① 因随意减肥，饮食欠缺平衡的人要注意饮食搭配，适量摄取碳水化合物、蛋白质、脂质、矿物质和维生素。

② 通过走路等有氧运动、小步走等适度运动维持体力。

③ 进入上下班电车等周围人较多的场合时，最好戴上口罩，到公司和回家后要立刻洗手、漱口。

④ 有轻微感冒症状时，注意保暖，多喝温水，尽量吃日式简餐，确保充足睡眠。

⑤ 感冒后立刻卧床会扰乱人体生物钟，导致身体状况欠佳。因此在感冒初期，要坚持戴口罩，放缓日常生活的节奏。

⑥ 发 39 度以上高烧，疑似流感症状时，一定要去医疗机构接受治疗。儿童和老人在感冒初期就要去就诊。

⑦ 普通感冒症状如果恶化，请服用感冒药。

北條先生还忠告说：“挑食的人皮肤往往不好，易生痘痘。皮肤粗糙是体内黏膜功能减弱，易患感冒的证明。注重饮食的营养平衡，有运动习惯的人皮肤也会好，不易患感冒。我也会每周去一次健身房通过舒展肌肉或是游泳等来出一身汗。自从养成锻炼的习惯，就很少感冒。逐渐改变日常不良生活习惯，才是预防感冒的良方。”

第 25 课　日本人礼仪世界第一

且不论政府推进“Cool Japan”战略进程的评价如何，在外国人眼里，日本人良好的行为举止到现在还是很“Cool”的。

因商谈经常造访日本的一位 30 多岁美国商务人士发自内心感叹道：

“日本的公共场所一定会有垃圾箱。而且即便在旅游景点，把垃圾带回家的习惯也深入人心。无论去哪里，街道都非常干净。”

还有不少住习惯后反倒容易被忽略的细节。

“日本人乘坐电梯时，即便碰到陌生人，也会按住‘开’的按键让其先行。自动扶梯上明明没有任何提醒，但大家都会空出一半让给赶路的人。不愧是拥有‘款待之心’的国家。”（来自新加坡的女学生）

就拿东京来说，由于物价高，它绝非一座宜居的城市，满员电车和交通堵塞更是臭名昭著。即便如此，仍有很多地方令人感慨。这是一位从香港赴任而来 40 多岁证券人士的心声：

“在日本开车，如果让别人为自己让路或是变道的话，大多数车辆会闪转向灯以表谢意。起初不明白其中的含义，只觉得大家本会为堵车而焦躁不安，却仍然不失协调性。

在人气很旺的店门口排队也一样。大家都老老实实地等待，没人会想法子插队。真了不起！”

最近，是否可以将婴儿车推进地铁成为争论的焦点，可对外国人来说，日本地铁内的礼仪规范一直广受好评。上文提到的美国商务人士还说：

“哪怕是早高峰时期，互不相识的人也会排着整齐的队列，先下后上，井然有序。因为没有丝毫耽搁，列车的时刻表才能够准确无误。晚上偶尔会碰到醉鬼（笑），但绝对是少数。女性孤身一人深夜乘车也没问题。大家都会相互让座”。

经常有人会说日本人道德低下（不如以前）。但在外国人眼中，日本人还保持着礼仪和品位，也算欣慰。

某家外资酒店预订网站针对宾馆工作人员的调查结果显示，日本旅客力压英国、加拿大、德国等国家，是客人中最有礼貌的。原本礼仪意识就高，再加上强烈的遵守秩序精神，难怪如此。

能充分体现日本人对规矩、秩序的适应能力的代表例，恐怕要数控烟条例了。

控烟条例算不上令人满意，将来也许会更严格。但从千代田区禁止在道路上吸烟开始到现在的 10 年里，吸烟环境发生了翻天覆地的变化，车站周边和餐饮店等场所想方设法控制吸烟。与 10 年前相比，吸烟人群的礼仪也不断提高。

8 年前随驻留日本的丈夫一起来日的美国女性这样说：

“我认为日本人在控制吸烟上采取的措施效率高且严密。在美国，室内虽然完全禁烟，但是室外却没有严格的限制规范。纽约也罢，洛杉矶也罢，大家都在室外吧嗒吧嗒抽烟，还有不少人乱丢烟头。可在日本，一旦决定控制吸烟，就立刻设置吸烟场所，大家也会自觉集中到那里吸烟，十分有规矩。

便携式烟灰缸在每家便利店都有卖，机场和高速公路服务区的最新型吸烟场所也和美国不一样，室外的也会设有屋顶和墙板，有些甚至配备了空气净化器。看到这些，才真实感受到‘Cool Japan’”。

2020 年的奥运会，正是东京向全世界展示何为模范城市的舞台。尽量避免“日本人的礼仪退化”才是当务之急。

第26课　预备学校危机之后 大学即将消失

2018年问题的冲击　18岁人口骤减引发对教育产业未来的争论

“长夏草木深，武士梦留痕”，是松尾芭蕉在奥州平泉（现岩手县平泉町）时所赋俳句。也许不礼貌，但最近一则新闻让我想起这首诗。

今年8月底，著名补习学校代代木公布，将于明年春天关闭全国27所学校中的20所。消息一公布，房地产商便对校舍及用地的再利用、再开发产生了浓厚兴趣。

特别是距仙台站东出口徒步仅5分钟，建在黄金地段的仙台校，成为房地产商垂涎之地。据读卖新闻9月18日的一则报道，当地房地产公司尤为关注位于路口的仙台校的将来。

代代木曾是考试业界规模最大的补习学校。如今却面临事业规模缩小的危机，学校正在募集400名自愿请辞的内部员工。昔为奥州藤原氏尽显荣华之地，今为夏草繁茂的荒原，旧校舍也难逃被拆的命运，未来能记得代代木曾建在这片土地上的人可能也不会再有。

代代木的裁员给很多人带来了冲击——但是，这很有可能仅仅是开始。

代代木之所以被迫缩小规模，是因为跟不上考生们需求的变化，在与其他大型补习学校的竞争中处于劣势。尽管以理科专业为目标的考生数不断增加，其主打产品却仍是针对私立大学文科的课程。东进高级学校等其他大型补习学校引进了网络授课模式，考生们不再拘泥于特定时间，随时都能学习。而代代木继续以教室授课模式为中心。

但更大的因素是复读生数量的锐减。少子化和大学数量的增加提高了应届考生的合格率，复读生在1992年顶峰时期有29万4 000人，如今只剩下约8万人。大幅缩小的市场规模直接动摇了代代木事业的根基。

实际上，市场缩小也正影响着其他补习学校的经营。有着百年以上历史的研数学馆在2000年停办，关西著名的大阪补习学校也被迫于2006年停办。

另外，2018年将面临18岁人口一下减少的“2018年问题”。不仅是预备学校，就连补习班和大学也被迫直面生源减少的难题。

今后，教育产业将如何改变？如何生存和发展？教育产业的变化会对我们带来怎样的影响……？

面临复读生减少的其他大型补习学校开始与补习班合作，争夺在校高中生和中小学生市场。经营东进高级学校的永濑株式会社于2006年收购了四谷大塚，河合塾于2008年同日能研进行业务合作，共同成立了针对中考的补习班，考虑提供中小学生补习班，高考生补习学校等一系列教育服务。

可是，该战略也将面临2018年问题的挑战。

日本人口在2008年达到1亿2 800万人的顶峰，之后开始减少。18岁人口在2009年后也保持平稳，预计2011年为120万人，2013年为122万8 000人，2015年也有120万人。

可 2018 年将发生翻天覆地的变化。同年的 18 岁人口为 117 万 4 000 人，比 2013 年少 5 万人之多。2024 年减少至 106 万 1 000 人，突破 110 万人的界线。预计从 2013 年起 10 年内将减少 16 万余人。

18 岁，即高三学生的减少意味着在校高考市场的缩小。不仅如此，2018 年之后的 18 岁人口减少意味着小孩数量的减少。就连补习班也将面临存亡危机。

今后——补习学校和补习班将在 2018 年到来前的这几年大力推进，再度整合吧。整合过程中，经营实力较弱、知名度低的中小规模企业和团体将被迫退出市场。今后或许将是永濑、河合塾等大型集团垄断整个市场。

函授教育领域里，倍乐生株式会社等大型企业也将继续提高市场占有率。在众多补习班及补习学校提供的各式各样教育服务中，适合自己学习方式的可选择面也越来越窄。

2018 年问题将不仅影响到补习学校和补习班，大学的状况也非常严峻。前文提到，2018 年的 18 岁人口比 2013 年减少 5 万人，2024 年更是锐减 16 万人。

这将对大学的经营产生怎样的影响？按照现在 50%的大学升学率计算，2018 年的升学人数比 2013 年少 2 万 5 000 人，2024 年将减少 8 万人之多。这意味着到 2018 年有 25 所、到 2024 年有 80 所千人规模的大学将不复存在。

日本的大学数量为 778 所(除去短期大学。2010 年文部科学省学校基本调查)，80 所要占到现有数量的十分之一。大学正面临战后最严峻的经营难题。

大学正想方设法探索生存与发展之道。庆应大学和早稻田大学正在扩充以社会人为对象的研究生班，引进对就业有利的 IT(信息技术)相关专业的大学更是不胜枚举。聘请名人担任客座教授的大学也越来越多。

千叶工业大学在位于东京天空树城区的东京天空城内设立“东京天空树城区校区”，通过展示机器人等活动进行宣传，提高市民的认知度。这类通过在著名景点设点，提升学校知名度和关注度的活动也相当活跃。

还有很多大学通过举办校园开放日，给中小学生留下好印象，希望他们将来报考本校。这类提前宣传的活动也很显眼。

地处大阪府的近畿大学医学专业在 7 月下旬的校园开放日中，面向将来想当医生的中小学生开设了特别课程，召集了 100 多名学生。学生们在“病理组织观察”课上可以观察癌细胞，带上医用手套，体验被癌细胞侵蚀的肺等器官的触感。东邦大学医学的护理专业(东京都大田区)也在这个 7 月末以小学五六年级学生为对象开设“小学生夏季医科学校”，让学生们观察青蛙的心脏和血液。(8 月 28 日 MSN 产经 west)

据报道，庆应大学也推出研究生策划的“青少年夏季学校”，有 150 名左右的中小学生参加并接受了“挑战播音员”“目标是翻译家”等课程培训。(8 月 22 日朝日电视台 news)

对中小学生进行宣传的预期效果如何？能否增加未来的报考人数和入学人数仍是未知数，大学方面也清楚这点，但必须要采取这些行动也正说明了各校强烈的危机意识。

席卷教育产业的淘汰浪潮将淹没不少失败者。今后的新闻报纸的版面也许会充斥着预备学校和补习班退出教育事业，大学关闭校园等头条。

同时，残酷的竞争也将孕育出新的教育模式。国际化、错综复杂的国际形势、人口减少、贫富差距的扩大、技术进步的提速、低速成长……都是日本面临的难题。如果能通过教育实践培养出挑战这些难题的人才——2018年问题或许也能迎刃而解。

第27课　从首都圈消失的公交车

社区衰退问题能否被阻止

我喜欢搭乘公交车，如果时间充足的话我有时不会坐JR或是地铁，而会选择都营公共汽车去上班。白天公交车内多是老年人、购物的人、高中生等，和多是西装族的地铁不同，公交车内的生活气息让我心情放松。

如今不仅在人口流失问题严重的地方城市和农村，就连以东京为中心的首都圈也计划取消或者减少公交车线路。据说是因为地区居民减少以及老龄化导致乘客减少，致使有些线路运营入不敷出。

毋庸置疑，公交车是支撑一个地区交通的重要公共交通工具。特别是对于不能开车的老年人来说，公交车更是不可或缺的存在。如果撤销公交车，就剥夺了居民们的出行手段，不得不忍受生活上的不便。老年人较多的地区，最严重的话可能连社区都会消失。

在公交车逐渐消失的地区现在出现了什么样的变化呢？有什么方法可以阻止这一趋势呢？

在东青梅站（东京都青梅市）北口的公交车站时我不由得感叹："这里明明是东京都内却……"。我看到了从JR青梅站和东青梅站到青梅市西北部的北小曾木和上成木的循环巴士"梅76"的时刻表。工作日的上午6点、8点、11点左右各有1班车，之后一直到18点51分为止都没有车。末班车为20点45分发往青梅车库方向。双休日和节假日的时刻表也和工作日差不多。

在这一次的运行时刻表调整中，东京都运营的公交车"梅76"路在1天8趟车的基础上减少了发车数量。东青梅站每天的客流量近7 000人，站前有醒目的住宅大楼，但是西北部的北小木曾等地区却没有通轨道交通线路，因此该项决定给当地居民的生活带来了巨大的影响。10月3日的《日本经济新闻（埼玉县版）》刊登了某60岁女性的情况，她诉说了生活中的不便："我上午在车站附近的超市打工，为了等车回家，下午的时间全都浪费了"。

遭遇到削减发车次数的不止"梅76"路车。东京都运营公交公司于去年10月决定停运从大泉学园经过练马站开往新江古田站的"新江62"路车。这条线路本来经过练马区内的居民区，沿线居民经常搭乘。

减少发车数量的不仅是东京都运营公交公司。小田急公交公司今年将"新宿站西一武藏境站南口"之间18.56千米距离的"宿44路"公交车由原来的每天8趟减少至每天2趟，加上开往吉祥寺营业点的车一天也只有4趟。乘坐过经过吉祥寺、下连雀线路的友人对此表示很遗憾地说："本来很方便的"。

东京之外的首都圈其他地方的公交线路也在不断减少。千叶中央公交公司在今年9月宣布停运从千叶市的集体住宅开往千叶大学医学部附属医院的公交车。这条线路本身是为了方便居民去医院看病而开设的，可是乘客数量不足以维持线路，因此被停运。

对公交公司来说削减发车班次或是停运线路都是十分艰难的决定。公交公司深知公交车对一个地区来说有多么的重要，但是继续保留亏损的线路对公交公司来说也是不现实的。

亏损的公交线路对地区政府财政来说也是一个负担。据 10 月 3 日的《日经新闻》报道，为了维持青梅市内的公交线路，当地政府需要每年承担 1 亿 4 000 万日元的费用。因为上班和上学而利用公交车的乘客减少，赤字增大，导致今年政府做出了削减发车班次的决定。虽然青梅市位于东京都内，但是这个地区遭受老年化问题困扰导致人口减少。据厚生劳动省的国立社会保障人口问题研究所预计，2010 年，该地区人口数可能从 13 万 9 000 人的减少至 10 万 4 000 人。如此，今后不排除进一步的削减班次和停运公交线路的可能。

不只是青梅市，据国土交通省统计，东京、神奈川、千叶、埼玉这一都三县 5 年内停运的公交线路行驶距离共计 440 千米。随着老龄化和人口减少，公交线路被削减班次或者停运的速度有可能加快。公交车、轨道交通和其他的公共服务不同之处在于，很难立刻找出相应的可代替的出行方式。最坏的情况是因为居民生活的不便导致人口流出，最终社区将不复存在。这个问题该如何解决呢？

饱受业内和地区政府瞩目的 Eagle Bus 公司的对策可能能够给我们提供一些应对老龄化和人口减少问题的提示。

Eagle Bus 是总部位于埼玉县川越市的一家巴士公司，1995 年依靠开设巡回游览市内风景区的小江户巡回巴士起家。2003 年开始公交运营，2006 年以后接手大型公交公司纷纷撤退的埼玉县日高市、都几川市、东秩父村等地区的公交线路，并获得盈利还扩大了经营范围。

该公司的原动力在于“为当地居民提供彻底便捷的公交车”的改革目标。

例如实现“公交车准时到站”。为了了解当地居民的需求，该公司开展了针对沿线乘客的问卷调查等活动，结果显示人们不愿利用公交车的最大原因是不准时。因此该公司为了防止公交车晚点进行了多项改革，例如调整运行时刻表，分析交通状况制定最佳线路等。

甚至连公交车站的位置也是根据乘客的需求进行了调整。由于公交线路开设年份较早，周边的环境变化较大，但是还有很多公交车站保持原位。Eagle Bus 收集并分析了每天乘客上下车的数据，寻找出了最符合实际利用情况的公交车站的位置。

而且，还有一系列因调整公交车站而配套采取的细致的应对措施。比如由于在一家新开的休闲设施附近设立一个公交车站，而改变了公交车原有的运行路线，增加了部分乘客的等车时间。为此，该公司决定在早晨开设快车，这些车在早上利用率较低的公交车站不停靠，这样就缩短了运行时间。

Eagel Bus 表示：“只要满足乘客的需求，那么就会有越来越多的人使用公交车”。

Eagel Bus 公司的做法说明了，即使面对人口老龄化和人口数量减少的障碍，公交车依然可能成为支撑地区交通的基础。反过来说，不少公交车还未能完全满足乘客的需求，还有发展和改进的空间，不是吗？

更有甚者，如果公交车能够关注乘客的需求，那么随着今后老龄化的进一步发展，不能开车的老年人越来越多，公交车的重要性有可能将进一步提升。

公交车能否得以留存？

这个课题可能是如何阻止老龄化和人口减少问题导致社会秩序混乱的试金石。

第28课 守护红色东京火车站的情人节行动 广受爱护的百年建筑

本月20日是JR东京车站(东京都千代田区)开业100周年的日子。为了迎接这个日子，2年前丸之内车站大楼接受了修复工作，被复原成了1914年(大正3年)开业时的样貌。这个首都的玄关口没有被周围高层建筑吞没，依然保持着优美的姿态，所展现出的成熟魅力吸引了众多民众。

东京车站100周年

2003年被登记为国家重要文化财产的丸之内车站大楼曾经也因改建面临着被拆毁的危机。推动车站复原和保存工作的正是“爱红瓦东京站的市民会”。今年10月，这个团体为自己持续了27年的活动拉下了帷幕。

1987年4月，为了配合周边的二次开发建设，出现了有关东京站的高层化讨论。长期担任“爱红瓦东京站的市民会”事务局长的多儿贞子(68岁，东京都丰岛区)当时在丸之内车站对面的大楼里工作。她最喜欢傍晚时分夕阳映照着车站大楼呈现一片粉红色的时刻，“装满玻璃、四四方方的大楼怎么都喜欢不起来”。

于是，她组织起熟识的主妇们，提交了要求复原和保存JR东日本车站原貌的请愿书，“之前也有过要拆除车站的提议，但是我认为有必要恢复原貌以提高车站的历史价值”，同年12月她组建了市民会。截止1988年5月，(市民会)向众参两院提交了含有全国约10万民众签名的请愿书。

因为保存原貌需要投入大量成本和技术，JR东日本公司内部的意见也分成两派。市民会的主要负责人多次拜访JR东日本公司提出自己的诉求。

当时的设备课长，现任JR东日本公司的子公司Viewcard会长的叶笃彦(68岁)表示：“因为我知道这项工作的难度，所以当时心情还是很复杂的。不过，大家爱护车站的心意也让我高兴”。当时的东京车站站长木下秀彰(81岁)也回忆说：“(市民会)真的为复原工作做出了很大贡献”。

因为进展缓慢，1990年2月14日市民会的会员们向当时的站长木下秀彰和之后的社长松田昌士(时任常务)赠送了情人节巧克力。虽然送巧克力是拜访JR东日本公司的借口，但也成了市民会每年的惯例。1999年10月，东京都政府和JR公司就保存和复原东京车站达成一致。整项工程的总体花费约500亿日元，会员们高兴地表示“这是最棒的情人节回礼”。

多儿女士现在每看到车站前拍照留念的游客就感到十分欣慰。她说：“很庆幸车站能够保留这样的外貌。感到肩上的重担终于能卸下了”。

伴随着明治以后铁路的发展，连接郊区和市中心各铁道线路的枢纽正是东京车站。其位置就在当时已经存在的新桥和上野两个停车场的中间。

最初，车站大楼是由当时的一名“御雇外国人”（明治时期日本聘请的外国专家）——德国专家 Franz Baltzer（1857—1927）设计的。但是铁道工作局最终没有采用他设计的使用瓦片的和式建筑。铁道博物馆（埼玉市）的奥原哲志研究员表示原因是“当时的日本人正在尽量接近西洋文化，因而很难接受这样的设计”。继任的设计者是曾设计过日本银行总店的建筑家辰野金吾（1854—1919）。他的设计采用了红砖和白花岗岩，呈现西洋风格。

虽然在关东大地震（1923 年）中幸存下来，但是在 1945 年美军空袭时，丸之内车站大楼的屋顶和内部装修被烧毁殆尽。东京大学的松丸道雄名誉教授（80 岁，中国古代史专业）是尚在人世为数不多的证人之一。当时由于战乱而从东京到静冈避难的他，因为美军空袭，1945 年 6 月再次到埼玉避难，就是在破坏后的东京站下的车。

他当时在东京车站只停留了 30 分钟，母亲和叔父来接他。据他回忆，当时他们“直接坐在站厅，大口嚼着白饭饭团”。战争结束后，再去东京车站，丸之内车站大楼的屋顶已经被烧毁，阳光直接照射到大楼里。下雨天，要在站内打着伞赶路。

战后东京车站高层化计划至少被提出过 2 次。最初是在 1958 年，由时任国家铁道公司总裁的十河信二的指示而绘制的近代化车站大楼的图纸至今仍然被保留着。第 2 次是 1987 年，最终当时的计划也没能实现。作为战后应急措施，原本 3 层的丸之内车站变为 2 层，南北角圆形屋顶也变为八角形。现在历经 5 年半的工程，2012 年 10 月车站终于恢复了原貌。

松丸教授感觉恢复成原貌的车站大楼和过去还是不太一样，因为“空袭中被烧毁之前的一部分屋顶是鲜亮的绿色”。修缮工程结束后，崭新的铜板呈现暗红色，随着时间的推移，（铜板）会氧化变成绿色。“这红色终有一天也会变成绿色。虽然到那时候已经不会有怀念这绿色的人了吧”。（中野宽）

第 29 课　留级求职也能获得满意工作
通过留学印度实现自我成长

有这样几位大学生，他们在毕业找不到工作的情况下前往印度留学，回国后获得了心仪的工作机会。通过和这 3 位大学生的谈话中可以了解到，海外的经验使他们"客观看待问题的能力""沟通能力""明确求职目标的能力"都得到了明显的提高。

北海道大学法学部 4 年级学生阿部雄介在大学 3 年级的时候就开始找工作。他向 21 家公司投递了简历，结果却没有一家成功。由于他参加的垒球部成功晋级全国大赛，为了能够尽全力迎战大赛，于是他选择了留级 1 年找工作。

阿部选择了休学 1 年，这期间在菲律宾留学 2 个月，在印度留学 3 个月，然后留学结束回国以后找工作，最终他获得商船三井的工作机会。

他之所以没有利用这一年的时间研究目标公司为求职作准备，而是选择了去海外留学，是因为他想通过在之前没有去过的新兴发展中国家生活，让自己变得更坚韧，并获得一些新的想法。

在国外留学的时候，他一边在语言学校学习，一边实习。晚上他会去参加日本人举办的聚会或者是当地的活动，获得了和许多人交流的机会。他也曾有过感染登革热的痛苦经历，更有回国前在沙漠骑骆驼、徒步露营这样的有趣经历。

他认为在留学经历中提高最多的就是沟通能力："因为在留学期间有很多和第一次见面的人聊天的机会，学到了很多选择聊天话题、活跃聊天气氛的方法。我在留学时经历了很多事情，所以在面试的时候不愁没有话题聊"。

实习经历也派上了用场，他说："我知道了今后自己发展的中心，这一点在选择求职的公司，以及在多个工作机会中进行最终选择的时候很有用"。

爱知学院大学法学部 4 年级学生安藤雅士，在大学 3 年级时开始求职活动。一共向 15 家左右的公司投递了简历，最后也成功地获得了其中 2 家的工作机会。但是因为对结果依然不满意，他选择了留级找工作。

他休学 1 年，利用其中的 5 个月前往印度留学。因为高中时代的家庭老师在印度开了一家语言学校并对他发出了邀请，于是安藤雅士决定前往印度。

在印度时的生活很快乐，每到周六，他都会去日本人学校的体育馆和当地的日本人一起打篮球，挥洒汗水，之后他会去附近的商场或旧德里逛街。周日的时候，他会来一次当天往返的短途旅行，逛遍了泰姬陵、风之宫殿等世界遗产。

开始的时候，安藤因为不会说英语吃了很多苦，比如坐不了印度的三轮出租车，去快餐店也不能点餐等。可是到回国之前，他已经能够独自一个人坐飞机、找酒店，向当地人问路，甚至讨价还价了。

他表示因为获得了丰富的体验，在面试的时候能找到很多话题，很好地掌控谈话的节奏，最终拿到了“enjapan”公司的内定，现在安藤和其他 10 多位名古屋的被录用者一起组成了培训小组，并由他担任小组长。

神户大学经营学部四年级学生岩木优佳从大三就开始找工作。她投了 42 家公司，获得了其中 1 家的工作机会。但是她不能认同企业在没有明确发展目标的情况下却储备大量员工的做法，于是决定留级找工作。

她选择休学半年，去印度进行了 3 个半月的语言学习。虽然也会担心回国以后能否找到满意的工作，但是她非常想靠自己的力量去印度，最终还是出发了。

工作日的时候岩木优佳在日本人开设的语言留学学校实习，休息日的时候就和朋友们旅游和购物。她认为通过在异国他乡的实习，她学会了如何“理解对方的想法”。

她说：“面试时的小组讨论环节经常要求共享各自的所知道的东西，但是之前我一直不知道如何做才好。留学的时候经常会接触不同想法的人，我发现自己考虑问题的出发点和对方的确有很多不一样的地方。”

岩木优佳表示之前很难脱颖而出的小组讨论面试，现在已经达到了 85%的合格率。最终她获得了第一志愿小松公司的工作机会。

2014 年 10 月 21 日《现代商业》

第 30 课　日本的实力—日本大学生处于世界何种水平

◇世界排名前 100 的大学中，日本大学只有东京大学和京都大学上榜

受世界范围内的人才抢夺大战影响最大的就是大学的国际排名。根据英国大学教育杂志《泰晤士高等教育》(以下简称 THE)和美国信息公司“汤森路透”每年共同发布的大学排名(参照附录)显示，第 1 名为美国的加州理工大学，前 10 名都是英美的大学，日本大学在前 100 名里只有东京大学(第 23 位)和京都大学(第 52 位)这 2 所学校。虽然东京大学在亚洲的排名是第 1 位，但是近年来新加坡和香港的大学上升势头很快。

根据这样的现状，安倍内阁于 2013 年 6 月制定的《日本振兴战略》提出了在 10 年内让日本有 10 所大学进入全球大学排名前 100 名的目标。文部科学省提出了“支援超级全球性大学建设计划”，该计划向全社会招募 10 所有希望进入全球大学排名前 100 名的“顶尖型学府”，以及 20 所引导社会国际化发展的“国际化引导型学府”。报名且通过审核的“顶尖型学府”将可在 10 年内获得总共 5 亿日元的补助金，“国际化引导型学府”可获得 2 亿～3 亿日元。

比较 THE 对排名前 3 所的学校和东京大学在各项指标的打分情况，教育方面加州理工大学 94.4 分，哈佛大学 95.3 分，牛津大学 89.0 分，而东京大学得分 84.7，与前 3 所学校之间的差并不大。但是在国际性方面，加州理工大学 65.8 分，哈佛大学 66.2 分，牛津大学 90.2 分，与此相比东京大学只有 29.6 分，差距明显。此外，论文引用数量方面，前 3 所学校得分均超过了 95 分，但是东京大学只有 69.8 分。

在全球化的时代，不论是学术领域还是商业领域，英语都是实际上的通用语言，因此以英语为母语的英美大学更容易获得靠前的排名，这一点不容否定。下村博文文科大臣曾表示：“国际性和论文引用数量能否提高决定了能否实现 10 所高校进入世界排名前 100 的目标。必须制定适应评价标准的战略”。(《中央公论》2014 年 2 月号)。因此，“超级全球性大学”的审核标准也需要向英美的评价标准看齐，包括教师和学生中外国人的比例、本国学生中有海外留学经验的比例、只凭外语授课课程或者外语就能毕业的专业比例等。

◇日本的大学缺乏国际化的原因

大学只要增加留学生数量，其国际化的地位就能得到认可，在排名中的得分也会增加。近几年新加坡和香港的大学排名快速上升，就是因为这些地区利用通用语言为英语这一点吸引外国留学生和学者。不只是新兴国家，荷兰的大学也设置了许多只需要通过英语授课的课程就能获得学位的专业，就连曾经培养出了密特朗、希拉克、奥朗德等多位法国总统的巴黎政治学院也可以只用英语就能获得学位。

日本的大学也正着手进行同样的改革。参与文部科学省的“国际化据点整治工作”(全球化 30 校)的 13 所大学已经面向外国留学生开设了只用英语授课的专业。东京大学也计划于 2012 年 10 月起，在通识课学部开设专门面向外国学生的“PEAK”课程，此外东京大学

还访问了约 30 个国家，在约 10 个国家开展了入学面试。

和英语同样成为输出或输入留学生一大障碍的还有入学时间。对于这个问题，2012 年 1 月东京大学表示将全面采用秋季入学制度。滨田纯一校长积极地表示：“希望学校方面的改革能够成为促进社会改变的契机”。对此，各地国立大学也表示赞同，经济领域也对此表示欢迎，时任经团连会长的米仓弘昌曾表示：“利用入学前的半年时间，学生可以通过留学或者志愿者活动获得成长。从海外来的留学生数量也会增长”。

但是，由于企业不能轻易改变在 4 月份招聘应届生这一习惯，律师和医生等职业的国家考试也是以 4 月份入学为前提，最终秋季入学制度改革没能实行，改为导入 4 学期制度。这种学期制度的优势有以下几点：(1)在第 1 个学期内，对新生开展全球化的导入教育。(2)在中间的学期，即 6 月至 8 月这 3 个月里，学生可以参加海外大学的暑期短期留学。(3)在国际学术活动等集中的暑假，教师也可以利用这段时间出国出差，不用担心被教学任务束缚。(4)在最后的秋季学期里可以迎接留学生入学。

◇为什么日本的大学生不学习

国际化人才获得重视意味着日本的大学生和外国大学生争夺工作机会的时代降临了。2013 年的应届毕业生就业情况显示，松下电器在国内录取了 350 人，国外录取了 1100 人。旗下拥有优衣库品牌的迅销公司在国内录用了 500 人，国外录用了 950 人。可以看出拥有海外业务的公司在国外雇佣的人数在不断上升。此外，根据人力咨询公司 Disco 的问卷调查显示，2014 年，48.8%的公司表示愿意在总公司聘用在日留学生，如果将公司规模限定在 1000 人以上的话，这个数字高达 69.0%。

日本企业愿意聘用外国留学生的理由，除了他们语言能力出色之外，单从能力方面看也比日本大学生优秀。日本的大学早就有“进去困难出来易”的评价。事实上，大学经营政策研究中心于 2007 年实施的“全国大学生调查”显示，每周学习时间在 10 小时以下的学生占 85%，甚至完全不学习的学生比例也接近 10%。与此相比，根据全美大学生调查(NSSE)显示，几乎没有美国大学生完全不学习，6 成以上的学生每周学习 11 小时以上。如果从 18 岁到 22 岁的 4 年时间里都是这样的学习状态，那么日本学生和外国学生之间能力的差距自是不言而喻的。

为什么大学生不学习的问题常年没能得到重视呢？大学教育和求职相关问题的专家、NPO 法人 DSS 的代表辻太一朗分析认为理由如下：

一直以来我们在讨论大学教育的问题时都会有以下几种固定思维模式：(1)把大学生看成过错方，认为他们是“素质教育的产物，缺乏干劲”“大学升学率过高导致整体水平下降”等。(2)把学校看成过错方，认为“高校教师不作为，上课照本宣科”。(3)把企业看成过错方，认为“过早开始的求职活动妨碍了学生的学业”。但是辻太一朗认为问题出在学生、大学、企业这三方相互影响的机制，也就是说：

1 企业认为大学的成绩没有用，因此不作为参考标准。

2 学生认为认真学习也没有好处，因此选择容易获得学分的科目。

3 教师越认真对待教学，学生数量越少。与其这样不如放松考核标准，自己还能专心研究，更加轻松。

4 许多课程都能轻松获得学分，也能轻松毕业，因此学生不学习。

又回到1。这样就形成了恶性循环(《为什么日本的大学生是世界上最不愿学习的一群人?》东洋经济新报社出版)。与此相比，在美国，毕业生在大学里的平均绩点多被用于企业筛选人才时的参考标准，学生努力学习就会有现实的好处。事实上，日本公司在海外录取毕业生也会参考大学成绩。

第31课　用暴力支配他人的人和被暴力支配的人

◇为什么遭受过虐待的儿童长大后会成为施虐者？

在福冈县筑后市的一家废品收购店发生的杀人弃尸案件令人毛骨悚然。同样还有尼崎系列杀人案件。每当发生此类事件的时候总会让人想起古罗马诗人的一句话："人可以对同类像狼一样残忍"。

为什么人们会企图使用暴力来支配他人呢？而为什么被害人无法从这种暴力中逃脱呢？

企图用暴力支配他人的行为源自于强烈的攻击冲动。关于这种攻击冲动是天生的还是后天形成的，精神科医生和心理学家之间也没有定论。但是不论如何，有强烈攻击冲动的人是存在的，这个事实不容否定。

在拥有强烈攻击冲动的人对他人施暴的过程中所出现的"攻击者同化"不容忽视。这是由于受害者想要把自己受到的打击施加在比自己更弱小的对象身上，以此来克服受到伤害和支配时感受到的不安和恐惧。发现这种心理机制的正是弗洛伊德的女儿安娜・弗洛伊德。

遭受虐待的儿童长大后有可能成为虐待或家庭暴力案件中的施暴人。这是因为被害者想要通过模仿对自己施暴的人，完成从感到恐惧的人到创造恐惧的人的变身。

受害者们受到的身体伤害严重到只有这样才能克服无力感和绝望感。这和受欺负的孩子会成为欺负其他弱小孩子的原因是一样的。也就是说，恐惧才是支配暴力的原动力。

◇为什么受害者会产生"逃跑也没用"的想法

受害者难以逃脱暴力支配的主要原因也是恐惧。在尼崎连续杀人事件中，调查发现死亡的受害者曾经尝试逃跑，但是马上又被带了回去。并且尝试逃跑的人会受到严厉的惩罚，所以不仅是逃跑的人本身，其他人也会产生"逃跑没有用"的无助和绝望，最严重的是心里被深刻的恐怖蒙上阴影。正是像这样利用恐怖支配周围的人，主犯的那位女性才能作为"君主"实现对其他人的统治。

就像马基亚维利在其著作《君主论》中阐述的一样："因恐惧而产生的联系会因为害怕被报复更难以被切断"。被害者对可能遭受的报复而产生恐惧感，从而导致不能采取任何行动。

对报复的恐惧，不仅来自于身体上受到的暴力，还可能来自于语言上的暴力。一听到威胁的话语，比如"以后你不论去哪里我都能让你活不下去""我认识很多人，要整垮你很简单"等等，受害人往往会像"老鼠见了猫"一样不敢动弹。

但是，不要忘记企图用暴力支配他人的攻击者自身也有着恐惧的心理。攻击者正是因为害怕被害人逃跑才会选择威胁对方。正如"杯弓蛇影"这句谚语的意思一样，很多让人感到害怕的东西，在了解其真面目之后也就不过如此了。

恐惧感是导致被害者失去判断能力的元凶，为了从恐惧感中解救出来，被害者需要仔细观察攻击者，看穿对方的伪装。

◇筑后市废品回收店杀人・弃尸案件

2014 年 6 月，在福冈市筑后市经营一家废品回收店的中尾伸也（47 岁）和中尾知佐（45 岁）夫妻因涉嫌杀害前店员而被逮捕并起诉。警方已经发现了 3 名前店员尸体的一部分，其中一人是主犯中尾知佐的妹夫，另外其失踪的大儿子也被认为已被杀害。店主夫妻依靠暴力让受害人屈服，并让他们相互殴打对方。因伤害并致自己丈夫死亡的罪名被逮捕的中尾知佐的妹妹承认自己对丈夫使用了暴力，她表示自己是被姐姐和姐夫洗脑了。还有一种说法认为这家废品回收店是多重负债者的收容所。

◇尼崎连续杀人事件

2011 年 11 月，兵库县尼崎市的出租仓库中的一个被灌满水泥的汽油桶中发现了大江和子的尸体，以此为契机牵连出了以被告角田美代子（63 岁）为首的大规模杀人・弃尸案件。为了侦破该案件，由兵库县、香川县、冲绳县的县属警察组成了联合调查总部，一共投入了 8 万警力。8 名受害人的事件被立案，在其中 6 件案件中，被告角田美代子的亲人和被害人的亲人等 10 人因为杀人和伤害致死罪被起诉（另外 2 件案件由于时效原因未被提起诉讼）。2012 年 12 月，被告角田美代子在拘留所内自杀，导致事件真相石沉大海。2014 年 3 月，该案件的调查终止，联合调查总部解散。

第 32 课　如何从大灾难中逃生

人们为什么会错过逃生时机

面对危险，人们往往会错过逃生时机。尽管有足够的逃生时间却没能逃跑导致最终丧命，这样的例子并不少见。最重要的一个理由就是每个人都有"正常化偏误（Normalcy bias）"心理。当一个人感觉到危险的时候，为了减轻压力就会下意识地对危险视而不见，说服自己"这不是不正常的状态，还在正常的范围内"。

许多东日本大地震的海啸遇难者的行为就能印证这个观点。

宫城县教师工会、宫城教育大学客座讲师千叶保夫利用从国家、县、市町村等各级教育委员会处搜集的资料，认真调查了宫城县内 261 名中小学遇难・失踪者中 188 人的行为，并精心整理成报告（因为有其他调查委员会参与调查，故不包括石卷市立大川小学的 73 名遇难者）。

他在报告中重点指出，约三分之二的人在海啸发生时首先采取的不是避难，而是其他的行动。海啸席卷上岸时，188 人中有 67 人选择到高处避难，只占全体人数的 36%。其余人中，"在回家途中"的有 35 人，"在自己家里等待"的有 25 人，"往自己家 2 楼避难"的有 13 人。最令人感到遗憾的是，有 7 人虽然采取了避难行动，但在避难的途中，中途跑回自己家而最终遇难。其中还有儿童在祖父母家避难时因为玩接球游戏而遇难。

川治王子酒店火灾—生死之差的老年人旅行团

1980 年 11 月 20 日下午 3 点 12 分左右，栃木县盐谷郡藤原町川治（现为日光市）的川治王子酒店雅苑的火灾警报铃声大作。

当时，酒店工作人员在没有确认情况的前提下就广播通知"这是测试，请不用慌张"。由于 1 小时之前刚好进行了火灾警报的测试，工作人员误会了。这次是真正的火灾，是由一楼露天浴池的拆除工作时使用的喷灯翻倒引起的，火势乘着工作人员休息的时候迅速扩散。

当时正值红叶的季节，来自东京的 2 个老年人旅行团在赏完红叶后回到宾馆休息。

A 团的一行 53 人分别回到自己的房间，一边喝茶一边休息，他们相信了警报是在进行测试的说法。"火灾警报器响了，没关系吧""没关系，不是说是测试吗""不过情况有点不对。看窗外不是冒烟了吗""那是篝火吧"。就这样努力把种种迹象解释成再普通不过的事情。

另一方面，B 团一行 52 人的领队在听到警报铃声响以后，"可能是有什么事情发生了，我去看一看"，站起来出了房间。他走到楼梯附近时发现烟正从下往上飘了过来，立即感觉大事不好，马上返回房间："情况有点不对，先避难吧。"，随后让大家使用浓烟较少的楼梯逃命。

下午 3 点 18 分，火灾警报再一次响起。直到这时酒店工作人员才感觉情况不对，赶到大浴场一看才发现到处都是火苗和浓烟，情况已经不能控制了。从客房的窗户向外看就能发现烟雾越来越浓。这时才开始组织人们避难，但是没想到雪上加霜的是，当时正好是酒店工作人员交接班的时间，负责指挥避难的工作人员人手不足。此外酒店当时正在进行扩建工作，内部路线复杂得如迷宫一般。再有，避难人员是平均年龄 72 岁的老年人。

种种问题导致 112 位住宿客人中 40 人死亡，酿成了战后住宿设施最严重的一场火灾事故。死亡的 40 人中有 36 人是 A 团的成员。因为 A 团的人都被正常化误导所支配，认为不可能发生火灾。与此相比，B 团的领队注意到了不同寻常的迹象，并且亲自去确认情况，做出了采取避难措施的决定。

JR 北海道隧道火灾—如果听从指示的话早就死了

2011 年 5 月 27 日晚上 9 点 55 分左右，JR 北海道石胜线的一辆 6 节车厢编组的开往札幌的高速火车发生脱轨事故，在占冠站和新夕张站之间的第 1NINIU 隧道（全长 685 米）中紧急停车了。

然而停车 20 分钟后，列车员只是不停地重复"现在正在调查事故原因请原地等待""请不要走出车厢"，阻止乘客到车厢外避难。但是车厢的某处开始起火，后方的车厢已渐渐被烟雾笼罩。车内的灯也熄灭了，乘客只得依靠手机的光线来照明。乘客纷纷拥到列车员的面前询问究竟出了什么事，列车员只是不断地重复"请少安毋躁"这句话。等到列车长终于注意到后方车厢内充满了浓烟时，才广播让 1 到 3 号车厢（后方车厢）的乘客转移到 4 至 6 号车厢，之后就再没有进行任何广播了。

过了一段时间以后，浓烟扩散到了 4 至 6 号车厢。5 号车厢的 1 名男士由于被浓烟熏得难以忍受："不行了，我要去车厢外，即使走也要逃离这儿。"说着他便打开了车门，这时已经是晚上 10 点半左右。列车已经在隧道内紧急停车 30 多分钟了。以这位男士为首，后来陆陆续续有其他乘客跟着一起逃出了车厢。就这样，248 名乘客和 4 名列车员在充满浓烟并且伸手不见五指的隧道中走了近 500 米后终于走到了出口。

有乘客表示："当时的情况并不混乱，而是有秩序的，我们相互鼓励安静地走着。隧道内烟雾弥漫，甚至连 30 厘米以内的东西也看不清"。有乘客回忆起当时极度困难的情况："很多人都认为也许会命丧于此，我也是这样认为的"。（十胜每日新闻 2014 年 5 月 29 日）

所有人都成功避难到隧道外的时候已经是 28 日的零点了。同时，赶到现场的警察确认车厢确实发生了火灾，虽然之后采取了灭火行动，但是最终车辆还是全部被烧毁。

根据 JR 北海道后来公布的调查结果显示，紧急停车后驾驶员走出车厢外确认情况，列车长带着 2 名列车员把乘客疏散到 4 至 6 号车厢以后，一个人出车厢来回花了 20 分钟时间确认好出口位置后返回。这时候由于乘客已经陆陆续续地走出了车厢，列车长只能从第 3 节车厢上车，从后往前指引乘客从前门下车。但是没有广播通知乘客离开车厢避难。

列车员表示："虽然看到了烟雾，但是由于没有看到火苗，所以到最后都没有意识到发生了火灾"。

对于 JR 延误对火灾的判断这一点，乘客们纷纷表达了不满的情绪。一位男性乘客说："我还被 JR 的工作人员质问为什么要擅自下车。正是因为我自主避难了才逃过一劫。希望能够彻底调查清楚当时工作人员是否判断失误"。（北海道新闻，2014 年 5 月 29 日）

如果当时乘客们听从了列车长的指令留在车厢内，那么很有可能所有人都会被浓烟包围，造成严重的死伤。

列车长是按照 JR 北海道工作手册做出当时的判断的。令人不解的是，当时列车长还听从了远离事故现场的指挥中心的指令。

防灾系统研究所长的山村武彦认为现代人奉行"守则至上主义，不考虑其他的情况，极力减少其他信息的获取"。他还表示，最重要的不是手册，"而是一点点的观察力，这才是防灾和危机管理的基础"。（《人人都想只要自己不死》宝岛社出版）

此次隧道的火灾中，正是因为乘客们注意到了火情，觉察到了危险而逃出车厢，这才导致没有造成重大人员伤亡。

因为遵从指令而造成人员重大伤亡的例子还有 2001 年 9 月 11 日在美国发生的"9・11 恐怖袭击事件"。

在第 1 架飞机撞上世贸大楼北塔的 25 分钟之后，大楼的所有者美国港务局的办公室负责人向紧急事件处理总部打电话请求指示。美国港务局办公室在北塔的 64 层，当时那里有 16 名工作人员。总部给出的指示是"没有起火，请随时保持警惕并等待警察从逃生通道上来"。大约 1 个小时之后，办公室联系警察方面，表示烟雾太浓希望能够下楼。总部回复"收到，请自行避难"。可是在员工们开始顺着楼梯下来的时候，大楼坍塌了。16 人中 14 人死亡，2 人从废墟中被救出。对救援专家过度的信任阻碍了自救和自卫行动。

能够从灾难中最终逃生成功的人们的共同点是——能够自己觉察到危险，确认事态进展，并且能够有魄力甘愿冒着风险采取避难措施。

第 33 课　劳动力数量减半的时代即将到来

到 2035 年每 3 人中有 1 人超过 65 岁

根据总务省发布的数据显示，截至 2013 年 10 月 1 日，日本的总人口比上一年减少了 217 000 人(0.17%)，约为 127 298 000 人，这已经是连续第 3 年人口总数减少。总人口数的峰值期是在 2008 年，当时共有人口 128 080 000 人，此后经过上下略微波动后于 2011 年开始持续减少。

从 1974 年起，日本合计特殊出生率(平均每位女性一生中所生孩子的平均数)就一直低于维持人口所需要的“人口置换水平”(现在为 2.07)，2012 年的合计特殊出生率是 1.41。年死亡人数在 2005 年首次高于出生数之后，直到 2007 年都维持着高于出生数的状态，总人口的“自然消亡”开始了。

根据推算，刚出生至 14 岁的“年轻人口”在总人口的所占比例达到了历史最低值的 12.9%，另一方面婴儿潮(1947—1949 年)时期出生的“团块世代”(战后婴儿潮时期出生的人群)进入了 65 岁以上的老龄期，导致老龄化比率达 25.1%，即每 4 人中至少有 1 人超过 65 岁。那么劳动力人口数怎么样呢？15 岁～64 岁的“生产年龄人口”为 7 901 万人，较前一年相比减少 1 165 000 人，与峰值期的 1955 年相比减少了 800 万人。

根据内阁府发布的《老龄社会白皮书》(2012 年版)显示，20 年后(2035 年)的老龄化比率为 33.4%，即每 3 人中有 1 人为老年人，45 年后的 2060 年达 39.9%。届时每 2.5 个人中就有 1 个是 65 岁以上。此外，生产年龄人口也在不断减少，到 2060 年将减少一半，只有 4 418 万人。

那么，这样的人口变化趋势将会对经济发展带来怎样的影响呢？

带动经济快速发展的团块世代

一般来说，人口的变化显示了社会形态。发展中国家常见的是高出生率高死亡率，随着社会近代化发展会逐渐转变为低出生率低死亡率。利用体现不同年龄人口数量的“人口金字塔”图来表示，就是从底部宽的“火山形”，经过“挂钟形”，变化成“罐形”或“铁塔形”。

在这个过程中会出现年轻人口，老龄人口较少的状态。他们被称作“从属人口”，是相对于可作劳动力的“生产年龄人口”而言的。这个时候，劳动者增加，生产得到扩大，此外用在子女教育上的费用和老年人的社会保障费用减少，设备投资和消费增长，最终带来经济成长的效果。

人口构成的变化对经济发展起到促进作用，这种现象被称为“人口红利”。1960 年在日本出现的经济快速成长正是由人口红利带来的效果。因为当时团块世代达到工作年龄，大量涌入劳动市场。此外，政府还给予工作的人口以储蓄奖励。最终富余的资金经由银行投入到了企业的设备投资和社会基础建设当中，提高了社会的活力。

从属人口比率提高，劳动力就会减少。不仅如此，老龄化社会还会导致储蓄减少，投资也因此而减少，从而导致经济增长放缓。

人口构成的变化对经济的负面影响被称为"人口负利"（负利是指负担的意思）。参照人口金字塔模型就能看出，人口负利必然紧随人口红利之后出现。日本进入人口负利阶段是从 1990 年代开始。

2025 年的护理危机：团块世代进入 75 岁

政府召开的产业竞争力会议的出席成员之一，庆应大学教授竹中平藏在和电视主持人田原总一郎的谈话中表示："（不是三四年）在考虑 10 年、20 年之后的问题时，接受移民就可以解决问题。（中略）美国和澳大利亚在讨论发展战略时一定会首先讨论移民问题"。（《现代经济》2013 年 7 月 16 日）。内阁府也计算得出，为了在 2060 年时维持 1 亿人口，除了提高出生率到 2.07 以外，还需要每年接受 20 万移民。

外国媒体也指出，在安倍首相的计划中，为了促进母亲们回归工作需要开设数千家托儿所，但是能否确保足够的托儿所工作人员仍是一个疑问。最合适的解决办法应该是依靠移民，安倍经济学能否成功关键在于对移民的接受问题上。

由于担心治安恶化或者日本人工资下滑，政府虽然接收外国劳动者有期限限制地工作，却在以定居为前提的移民接收问题上持消极态度。北欧国家或加拿大等一直以来积极接受移民的国家也在近年来停止接受移民或者提高接受的标准。原因是，保守派对移民的不满情绪愈发高涨，他们认为移民会"抢夺本国国民的工作""白白享受福利"等。

2025 年团块世代将进入 75 岁，据推算，届时从事看护工作的人才如果不增加 100 万人，那么将很难维持老年人的护理服务工作。前总务大臣增田宽也表示，由于围绕老年人的医疗和看护产业在首都圈快速发展，加速了地方的人口流失，30 年以后将有 500 个自治体消失（《中央公论》2013 年 12 月号）。另一方面，由于首都圈缺乏让这部分人们养育子女的环境，最终东京的人口也会减少。为了阻止这样的"人口黑洞现象"，增田认为"比起解决劳动力不足问题，更重要的是能给日本带来多样的价值观"，他对接受海外人才问题持赞成的态度（读卖新闻 2014 年 4 月 13 日）。

期望的退休年龄是 70 岁以上吗

有一种观点认为，为了消除妇女因生育和抚养子女而在 30 岁时大量退出劳动市场的"M 曲线"问题，首先需要改善针对家庭主妇的税收和社会保障制度，以及让男性更容易取得育儿休假等。日本建设业联合会在 3 月份表示"将在 5 年以后让业内的女性劳动者数量增加 1 倍，达到 18 万人"。

国立社会保障及人口问题研究所的金子隆一副所长指出，应该抛弃把所有 65 岁以上人口统一视为"老年人（需要扶养的人）"这样的固定观念，他提倡依据"平均余命等价年龄"这项指标重新定义"老龄化"。该项指标将各时代的与平均余命相等的年龄视为同龄，假设以 1960 年为基准，那么与当时 65 岁人口的平均余命（男性 11.6 年，女性 14.1 年）相等的年龄被定义为"老年"。这样重新定义的结果是，在 2030 年"老年人"的界定线为男性 77.2 岁，女性

78.8岁，高龄化率将比过去下降一半。这样考虑的话，老龄化将不会是造成国力低下的原因，丰富的老年人口对日本而言会是一笔巨大的资产(日本经济新闻2014年4月4日)。

事实上，日本的老年人中许多人仍然继续工作或有工作意愿。2013年65岁以上的劳动者数为636万人，相比前一年增加7%，在全体劳动人数中所占比率首次超过10%，这个数值高于欧美主要国家水平的1%～5%。根据2011年内阁府调查的结果显示，60岁以上人口中每3人中就有1人的“期望退休年龄”为70岁以上。

第34课　灾害大国 为明天做好准备

在全国约有2 500栋20层(大约60米)以上的超高层建筑,且绝大部分集中在东京、大阪、名古屋。大地震的时候,这些建筑物里会发生什么事呢?

东日本大地震的时候,大阪市内55层高的咲洲政府大楼距离震源800公里,也持续摇晃了10分钟以上,晃动幅度最大达2.7米。这种缓慢的晃动方式被称为“长周期地震动”,在地基越松的地方晃动幅度越大,时间越长。

东京理科大学的永野正行教授(地震工学)针对关东关西共22栋24层以上住宅公寓楼在东日本大地震中的情况开展了问卷调查。他把回收的共968份问卷分成了高层公寓、中层公寓和低层公寓三类进行分析。

关东地区的高层中有7成人表示“晃动强烈到不能按自己的意志行动”“不能站立”“就像在游乐园坐海盗船一样的晃动”“仿佛在船上一般的晃动持续了20分钟”等,像这样越高层的地方水平方向的缓慢摇晃持续的时间就越长,家具翻倒以及电视、电脑和花瓶等掉落的情况也越多。

在地震中受伤的大多数原因都是因为家具的翻倒和掉落。永野教授表示:“在这次的调查中发现,近半数的家具没有被固定。在超高层建筑物中,固定家具或办公仪器是尤为重要的。”

另一方面,半数以上的低层公寓出现了壁纸或是内饰材料的龟裂。7成回答者表示频繁地听到了建筑物发出“嘎吱嘎吱”的声音以及内饰材料破裂的声音。虽然低层的晃动没有高层那么强烈,但是大多数人表示这些声音令他们产生了强烈的恐惧感。

高层住宅公寓不能缺少的是电梯。据日本电梯协会称,虽然在地震摇晃时电梯会自动停在最近的楼层,但是当震度高于4级,那么即使电梯没有发生故障,在接受检查前也不会恢复运行。如果大多数的电梯一齐停止工作,那么需要花费一段时间恢复。那些不能自如地上下台阶的人将有可能孤立无援。

根据东京都中央区针对区内253栋商品房展开的调查,在东日本大地震中近8成电梯出现了自动停止或因故障不能工作的情况。地震当天恢复工作的只有1/4。有些甚至过了数日或1周以上仍然没有恢复。

在东京理科大学的问卷调查中,因为晚饭食材的短缺而不得不利用应急通道下楼的35楼居民表示:“下楼需要10分钟,上楼需要21分钟。算是体验了一次高层难民。”

专家指出,除了最少准备3天,可能的话准备一周的饮用水(每人每天3升)之外,每个人还需要准备煤气炉和手电筒,为生活线(指关系到生存的电水煤气等补给机能)被切断后的生活做好准备。

《旧抗震法》修正案使得修缮更加容易

在全国约601万户的商品房中，依照旧抗震标准于1981年之前建造的约有106万户。这些房屋能否承受得住将来的大地震呢？

■ 注意平衡

日本建筑防灾协会的神田重信专务理事指出："虽然并不是所有的旧抗震标准建筑物都是危险的，但是结构不平衡的房屋最好接受抗震诊断。"根据国土交通省编写的手册，结构不平衡的房屋的特点是呈L形或"コ"字形、上下层结构不一致的细长型、1层有停车场或者店铺，墙壁被打通的结构(即底层架空结构)等。

在抗震诊断中，表示抗震性能的"Is值"未满0.6的房屋需要修缮。抗震诊断的方式既有检查图纸和房屋现状的简单方式，也有在混凝土上打洞来确认强度的方式。

抗震改造分成修缮或重建2种方式，一般情况下修缮的费用较低。但是，修缮方式既有墙壁和立柱的强化工程，也有安装免震装置等多种多样。根据建筑物规模的不同，一般来说修缮费用也从数千万日元至数亿日元不等。是否费用越高就能收到更好的效果，修缮会不会影响居住的舒适度，这些都是要考虑的因素。有的地区针对抗震诊断或修缮费用能提供一定的补贴，最好先咨询当地政府，并请专家负责施工。

■ 只要过半数的赞成

修缮公寓最重要的是居民意见的统一。在东日本大地震中受灾的公寓楼，就是由于居民意见不统一，导致修缮及改建难以顺利执行。

开展大规模的修缮工程需要4分之3以上的居民同意，但是去年的修正案规定，被相关政府机构认定为抗震性不足的公寓楼只需要过半数居民的同意就可以进行修缮。过去，建筑物和用地的统一售出需要全员同意，但是从今年12末月起，如果该建筑物被认定为抗震性不足，那么只需要8成居民的同意就能出售，选择变得更加多样了。

在东日本大地震中，仙台市的公寓由于水箱破损或由于地面下沉造成管道的破裂导致居民生活线被切断，给居民的日常生活带来了很大的麻烦。

根据公寓管理支援组织仙台·宫城的调查，居民采取避难措施的公寓中3成是因为生活线被切断而不得不避难。至于生活线恢复的时间，7成的电力在3天内，7成的天然气在1个月内恢复。此外也有墙皮剥落的情况出现，需要注意防止行人的受伤。(北林晃治)

■ "不逃窜"原则

在大地震中如果不是发生火灾，就没有必要立刻逃离公寓。大多数的公寓楼即使墙壁出现裂缝，地板倾斜，只要立柱中的钢筋没有产生弯曲就不会倒塌。在人口密集的城市中，原则上应该待在自己家中。

相关人员也不要忘了确认居民的安危状况。怎样和老年人或残疾人取得联系。事前需要向有关负责单位确认集合场所和联络方式。

一旦发生大地震，出现出血或骨折等情况的伤员可能没有机会在医疗机构获得治疗。如果出现伤员，也要尽可能地进行当场急救。这需要事前训练来了解放担架的地方和担架使用方法、搬运住高层的伤员的方法等问题。

为了防止被关在电梯内，在感觉到摇晃以后，按下所有楼层的按钮，尝试让电梯停在最近的楼层。最好事前调查好被关在电梯里时的脱逃或者救援方法。

遇到灾难时最重要的是人和人之间的联系。一般租户与地区的居民的人际关系是基本。大家应该在平日里参加节庆活动和安全宣传活动，互相熟悉彼此，并了解其他居民掌握的各式各样的知识和技术，这样的话在非常时刻居民之间就可以相互帮助。

关于水和食物的储备，不仅个人需要做好准备，同时也要咨询有关单位。提高公寓楼地域的防灾能力也有利于提高公寓的资产价值。

附录 2：单词索引